girls like girls

ISBN: 978-1537698175

Hay siempre una salida.

Capítulo 1

Olivia, 15 de Julio de 1997

El coche de Charlie era una auténtica chatarra. Ni siquiera podía cerrar la puerta sin hacer ruido, o, que el claxon sonase correctamente. Últimamente en el instituto siempre me hablaba con Charlie, era agradable. Además, era guapa. Escuchaba grupos de música rock y punk, llevaba los vaqueros rotos y mi madre decía que no saliese con ella porque llevaba un piercing en la nariz, y según ella, los piercings en la nariz era señal de que la persona no era de fiar, pero yo creía que sí que lo era. No sabía mucho de su vida, sólo que sus padres se habían divorciado y que por eso tenía que fumar marihuana terapéutica, algo que me parecía gracioso. La conocí en la cafetería del instituto. Siempre me siento al final, intentando alejarme de todo lo que pasa, y la pillé liando un porro a escondidas, le prometí que no se lo diría a nadie. Desde entonces, me siento al final y así cubro a Charlie mientras fuma. A cambio, me da su compañía.

—Por fin, joder. —Siempre era un poco mal hablada, aunque eso me hacía gracia porque le daba igual lo que pensase la gente de ella.

Salimos del coche y la casa era, una de esas casas que ves en Los Ángeles, con las paredes de piedra y todo lujoso, pero estábamos en Miami. El tiempo era siempre soleado, aunque ahora era de noche. Charlie señaló la casa y luego me miró.

—Escucha, vamos con gente guay. —Asentí ante sus palabras. —No hagas cosas raras, no la cagues, ¿vale? —Me advirtió alzando el dedo y asentí de nuevo.

Charlie llamó a la puerta, y un segundo después se abrió, dejando ver un montón de gente bailando, sudando, y todo lo que se hacía en las fiestas, aunque para mí era la primera. Charlie echó la vista hacia atrás e hizo que la siguiese hasta que se paró.

—Menuda fiesta. —Se abrazó a una chica y yo me quedé allí en medio, intentando que no me diesen mientras bailaban.

—¿Has venido sola? —La voz se escuchó y no podía verle la cara, pero estaba un poco incómoda allí con toda aquella gente. Charlie negó y se giró, dejándome ver. Por fin pude observar con quién hablaba Charlie. Era na chica de pelo azabache, ojos verdes y un piercing en la nariz. No como el de Charlie, que era más un aro, el suyo era una simple perla. —¿Quién es? —Frunció el ceño acercándose a mí.

—Se llama Olivia, come conmigo en la cafetería y.... —Frunció el ceño, no sabía nada más de mí. A decir verdad, casi no nos conocíamos de nada, pero al menos era guay estar en mitad de una fiesta donde la mayoría de la gente era popular en su instituto.

—Soy Alex. —Me saludó con una sonrisa y yo levanté la mano para saludarla, con una sonrisa de medio lado algo tímida. Charlie había desaparecido, y de fondo, se escuchaba *Do ya think I'm sexy?* Y honestamente, Alex lo era. Tras unos segundos mirándome, un chico apareció por detrás y la sujetó de la cintura, comenzando a, literalmente, restregarse contra ella. Fruncí el ceño y me aparté, observando a Alex forcejear con el chico hasta separarse. —Hank, joder, ahora no. —Ella se dio la vuelta y le dio un beso corto en los labios.

Era extraño no saber cómo era besar a otra persona, bastante raro. ¿Sería húmedo y suave? ¿Cómo deberías mover la lengua si comenzase a besarte? ¿Y cómo se seguiría un beso? Eso es todo lo que recorría mi cabeza en aquél momento, en el que en cierta parte me sentía algo incómoda. Alex siguió besándose con su novio, o suponía que era su novio, y me escabullí entre la gente. Charlie había desaparecido, y era totalmente normal. Aquella fiesta no era como la habían pintado en las películas, aunque cierto parecido tenían. La música sonaba alta, así que subí por las escaleras. La gente entraba y salía de las habitaciones, y yo conseguí llegar arriba del todo, hasta que ya no había más escaleras. Una de mis formas de escape era mirar al cielo, e imaginar todo lo que no habría existido si unos planetas no hubiesen colisionado. Salí al tejado y me senté en este, observando la piscina de la casa de aquella chica, azul intenso por la luz de la piscina. En ese momento me quedé mirando el azul del agua. Se movía lentamente con parsimonia, y el sonido del agua saliendo y entrando por el desagüe me relajaba. Ese momento de relajación se rompió cuando la voz de un chico sonó, estaba enfadado.

—¿¡Quién coño te crees que eres, eh!? —Cuando agaché la cabeza, pude ver cómo el chico increpaba a Alex. Tenía su cara a centímetros de la de ella, que cerraba los ojos. —¿¡Crees que puedes decirme que no, delante de toda esa gente!? —El tal Hank le dio un empujón a la chica que casi la tira de espaldas, pero esta se mantuvo en pie y le apartó la mano de un manotazo.

—Hank, tranquilo. —Le dijo en un tono suave, negando. Alex siguiente que vi fue cómo él le estampaba el puño en la cara a Alex y rápidamente me escondí en el tejado.

—¿¡Tranquilo!? Sólo eres una puta y una... —No quise escuchar nada más. Entré por la ventana por la que había salido y me metí en uno de los baños, cerrando la puerta con pestillo. Me senté en una esquina con los brazos rodeando mis rodillas, intentando calmar mi respiración. Apreté los ojos y los dedos sobre mi pantalón, diciéndome a mí misma que me calmase.

A la mañana siguiente, abrí los ojos lentamente. Seguía en aquél baño, y ni siquiera sabía cómo salir de aquella casa. Me levanté y abrí la puerta del baño, pero allí ya no había nadie. Bajé las escaleras y me paré al instante al escuchar la voz de Alex.

—¿Hola? —Ella frunció el ceño y se acercó a la bajada de las escaleras. Su ojo estaba morado, y en sus brazos se podían ver las marcas de los dedos de su novio que intentó tapar como pudo, pero yo sabía qué había pasado. —Oh, eres tú. —Asintió intentando sonreír, y bajé las escaleras con la cabeza un poco gacha. —No... ¿No te fuiste ayer? —Negué ante su pregunta y le señalé el ojo. —Esto es... Me di con el mueble de la cocina al ir a coger un vaso. —Me mordí la parte interior del labio, sabía que eso no era verdad, pero me quedé en silencio una vez más. Ella suspiró y del bolsillo, además de un envoltorio de preservativo usado, sacó un paquete de cigarrillos. —Lo siento, es de ayer. —Se disculpó por el envoltorio y sacó un cigarro, encendiéndolo delante de mí. Observaba todo lo que la chica hacía y se sentó en la encimera de la cocina, dando unos cuantos golpes para que me sentase a su lado, y lo hice. Tenía el rímel corrido por las ojeras, y su aspecto era horrible. Tomó una calada y dejó salir el humo, quedándose mirando al frente, a la nada. Alargué mi mano y le intenté quitar un poco de rímel con el dedo, provocando que Alex soltase una pequeña risa. Me alegraba hacer que por lo menos, después de lo de ayer, la chica sonriese. —Eres muy guapa. —Me dijo ella, y yo negué un poco mirando los pies colgar de la mesa. —Sí, y así estarías más guapa. —Dejó el cigarro en la mesa y levantó mi barbilla. Me apartó el pelo de la cara y lo echo a un lado, dejando ver parte de mi rostro, que sonreía con timidez al sentir su mirada. —¿Ves? Ahora sí que eres preciosa. —Agaché la cabeza sonrojada, viendo cómo Alex volvía a coger el cigarro. Me quedé observándola un momento. Sus labios atrapaban la punta de este y succionaba un poco, para luego dejar escapar, de la forma más sensual el humo entre sus labios. —¿Alguna vez has fumado? —Volví a negar con la cabeza y ella separó el cigarro entre sus dos dedos, soltando el humo. —¿Quieres probar? —¿Por qué no? Asentí, y me acercó el cigarro entre sus dedos y lo atrapé con los labios, que rozaron sus dedos. Succioné un poco y comencé a toser, escuchando su risa, pero pronto me tranquilizó poniéndome una mano en la espalda. —¿Estás bien? —Asentí. —¿Te ha gustado? —Negué. — ¿Quieres probar otra vez? —Asentí. —Tienes que dejar el humo en tu boca un momento, succiona poco. Luego, cuando lo eches inhala para tragártelo. —Volvió a acercarme el cigarro y succioné. Como ella me dijo, aguanté el humo en la boca y antes de soltarlo, inhalé un poco, dejando que el humo saliese. —¿Mejor? —Asentí y me dejó el cigarro en la boca, aunque no sabía muy bien cómo cogerlo, imité su forma de tomarlo entre los laterales de los dedos. —No hablas mucho, ¿verdad? —Me dijo, y yo negué mirando el cigarrillo. Me lo llevé a los labios con cuidado, y era extraño estar haciendo eso por voluntad propia. Succioné un poco y seguí los pasos que Alex me había dado hasta expulsar el humo lentamente. —¿Eres de aquí? ¿Tienes algún problema o algo....?

—Me gusta escuchar.... —Dije en voz baja humedeciéndome el labio inferior, encogiéndome de hombros.

—Vaya.... Tu voz es muy dulce. —Dijo ella, y yo negué, observando cómo el cigarro se consumía en mi mano. A mí me gustaba la suya, era dulce, ronca, agradable.

—Deberías curarte eso. —Le dije señalando su ojo, dándole una calada al cigarro para tener una excusa y mirar a otro sitio.

—¿Quién coño es esta? —Levanté la mirada y el novio estaba plantado en la bajada de la escalera.

—Es.... Sólo una amiga. —Dijo Alex quitándole importancia, pero yo me bajé de la mesa y negué.

—No, no soy nada. —Dije en voz baja y él se acercó a nosotras, comenzando a gritar, pero sin tocar a Alex. Me gritó que me fuera, y su voz era realmente aterradora. Estaba temblando y caminé por la acera del vecindario sin un rumbo fijo, porque no sabía dónde ir. Los gritos me hacían temblar, estaba totalmente aturdida y apreté los ojos quedándome sentada en la acera, meciéndome un poco y, diciéndome a mí misma que no me estaba pasando a mí.

Olivia, 17 de Julio de 1997

Como casi siempre, estaba sentada en unos columpios del parque que estaba desierto. Todavía podía sentir el olor del tabaco, los ojos de Alex y los gritos de Hank, y cómo casi no podía andar, y mi mente me decía 'haz que pare', pero yo no podía.

A lo lejos, pude ver cómo Charlie se acercaba al parque y soltó una risa al verme, mientras que yo la miraba algo seria.

—Pareces yo con siete años. —Estaba totalmente colocada. Frunció el ceño y se metió la mano en el bolsillo del pantalón, y me tendió un papel. —De Alex. Dice que no sé qué de.... De un cigarro, y que no sé qué de que blaaa... —Charlie se pasó una mano por la cara riendo y se dio la vuelta, saliendo del parque. Si mi madre viese a esta gente, se alarmaría. Pero la echaba de menos, de todas formas, no iba a estar conmigo.

Me levanté y busqué una cabina de teléfono por la acera hasta que encontré una. Miré el número y metí un dólar en la máquina, marcando luego el número de Alex.

—¿Sí? —La voz era exactamente la misma que la del día anterior, aunque no iba a cambiar.

—Soy.... Olivia, la chica de la fiesta. —Me apoyé en el cristal de la cabina mirando al suelo.

—Oh, Olivia, te estaba buscando. Siento lo del otro día, mi novio seguía borracho y...

—Ya, ya. —Dije asintiendo.

—Es buena persona... —'Tú tuviste la culpa, ¿verdad?', repetía en mi cabeza lo que Alex estaba pensando en aquél momento. —¿Dónde estás? —Me quedé en silencio un momento. Había días en los que salía de casa y comenzaba a andar, así que, ni idea.

—No lo sé. —Respondí.

—Olivia.... ¿Me puedes decir cómo se llama la calle en la que estás? —Apreté los ojos y levanté la mirada, buscando el nombre de la calle.

—N Andrews Avenue. —Dije jugando con la cuerda del teléfono. El silencio se hizo entre las dos.

—Olivia, cariño, ¿qué haces en Fort Lauderdale? —Me quedé en silencio escuchando el suspiro de Alex. —Voy a ir a por ti, no te muevas de ahí, ¿me oyes?

—Sí...

Y así lo hice. Me pasé treinta y cinco minutos sentada en los columpios mirando mis pies. Me balanceaba, pensando en cuándo llegaría Alex. Era algo raro, porque me conocía de media hora pero quería venir a recogerme, pero no sabía cómo volver porque no tenía dinero para pagar el autobús, ni tampoco un billete de metro.

Un coche paró frente a mí, y la figura de Alex apareció bajando del coche y vino hacia mí, mientras yo la miraba llegar balanceándome en el columpio.

—¿Olivia? —Paré de moverme y se puso en cuclillas delante de mí. —Ven, ven conmigo. —Me levanté y ella pasó un brazo por mis hombros, caminando hasta el coche en el que había venido. Era bastante mejor que el de Charlie.

—Tu cara está mejor. —Dije sentándome en el asiento al lado del de Alex, mirando al frente.

—Es maquillaje. —Dijo en voz baja, y yo me quedé en silencio jugando con el bajo de mi camiseta. —Dime, ¿cómo has llegado hasta aquí tú sola? —Frunció el ceño arrancando el coche y me encogí de hombros. Muchas veces la gente preguntaba cosas que eran de idiotas.

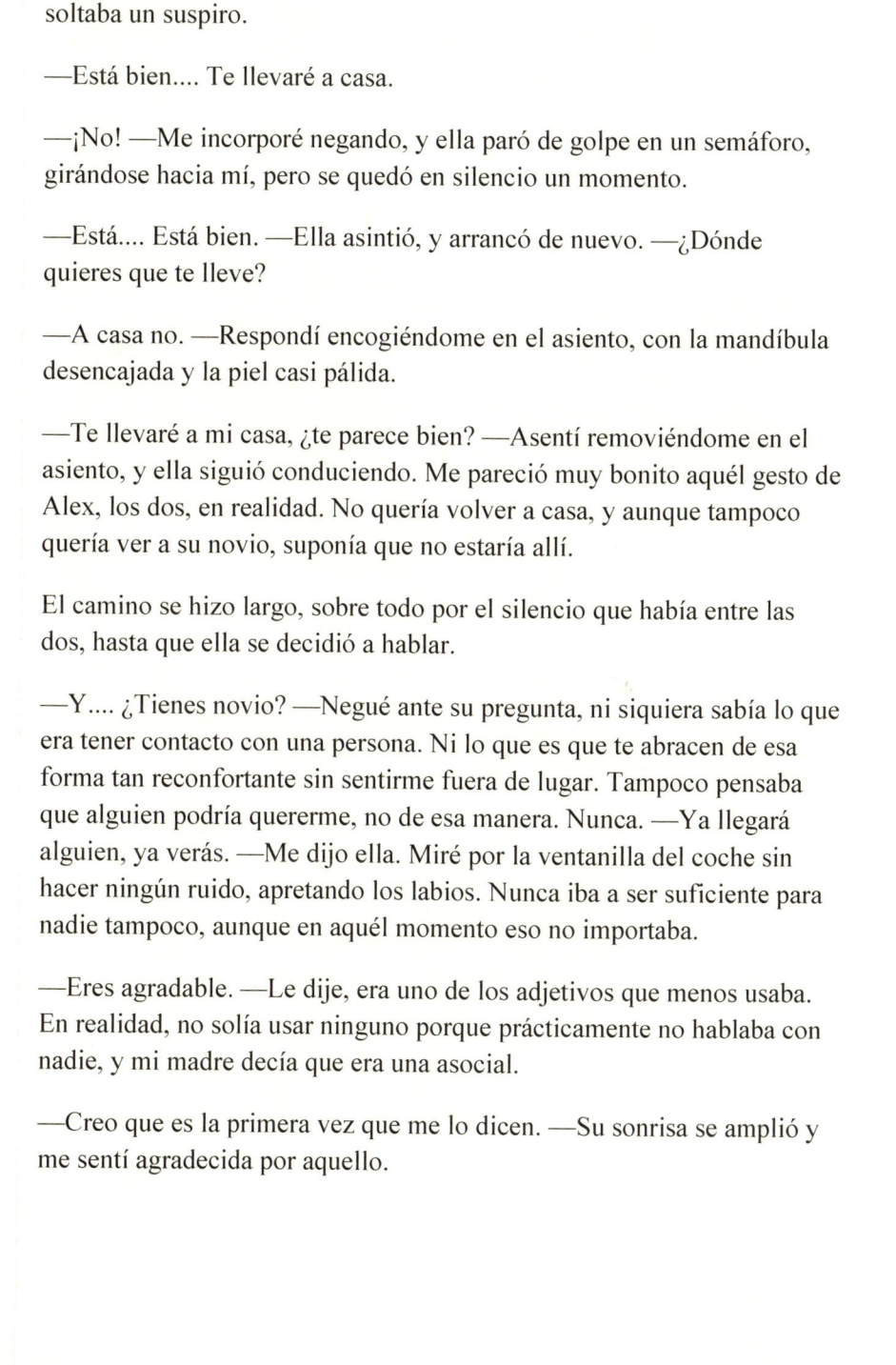

—Caminé un poco y luego cogí un autobús. —Dije mirándola a ella, que soltaba un suspiro.

—Está bien.... Te llevaré a casa.

—¡No! —Me incorporé negando, y ella paró de golpe en un semáforo, girándose hacia mí, pero se quedó en silencio un momento.

—Está.... Está bien. —Ella asintió, y arrancó de nuevo. —¿Dónde quieres que te lleve?

—A casa no. —Respondí encogiéndome en el asiento, con la mandíbula desencajada y la piel casi pálida.

—Te llevaré a mi casa, ¿te parece bien? —Asentí removiéndome en el asiento, y ella siguió conduciendo. Me pareció muy bonito aquél gesto de Alex, los dos, en realidad. No quería volver a casa, y aunque tampoco quería ver a su novio, suponía que no estaría allí.

El camino se hizo largo, sobre todo por el silencio que había entre las dos, hasta que ella se decidió a hablar.

—Y.... ¿Tienes novio? —Negué ante su pregunta, ni siquiera sabía lo que era tener contacto con una persona. Ni lo que es que te abracen de esa forma tan reconfortante sin sentirme fuera de lugar. Tampoco pensaba que alguien podría quererme, no de esa manera. Nunca. —Ya llegará alguien, ya verás. —Me dijo ella. Miré por la ventanilla del coche sin hacer ningún ruido, apretando los labios. Nunca iba a ser suficiente para nadie tampoco, aunque en aquél momento eso no importaba.

—Eres agradable. —Le dije, era uno de los adjetivos que menos usaba. En realidad, no solía usar ninguno porque prácticamente no hablaba con nadie, y mi madre decía que era una asocial.

—Creo que es la primera vez que me lo dicen. —Su sonrisa se amplió y me sentí agradecida por aquello.

Salimos del coche tras aquellos 35 minutos de camino y entramos de nuevo a su casa, esta vez, sin gente y recogida, casi impoluta.

—Mamá, traigo a una amiga. Esta es Olivia. —La mujer salió de la cocina y sonrió.

—Encantada. —Dije dándole dos besos, aunque estaba roja. No estaba acostumbrada a aquellos acercamientos, ni a que una amiga me llevase a su casa.

—Ven conmigo, te enseñaré mi habitación.

Su habitación era más moderna que la mía, eso seguro. Tenía un póster de The Smiths en la pared y me quedé observándolo un momento, mientras ella buscaba ropa por los cajones.

—¿Te gustan? —Señaló el póster en la pared y yo asentí.

—No los conozco. —Me senté en su cama observando cómo Alex ponía mudas de ropa a mi lado con una sonrisa.

—Espera un momento.

Alex abrió un cajón y sacó uno discman con los cascos, colocándole un CD dentro.

—Toma, escúchalo mientras estoy en la ducha. —Me coloqué los cascos en las orejas y ella apretó varios botones, cuando la música empezó a sonar. La miré y me sonrió de una forma tan dulce que ni siquiera me fijé en la música que estaba comenzando hasta que se fue.

Apoyé mi espalda en la pared escuchando las canciones, moviendo los dedos de las manos al ritmo de la música. This Charming Man sonaba por los cascos, después There Is a Light That Never Goes Out. Literalmente quería casarme con aquél disco, porque me pasaría toda la vida escuchando aquellas canciones. Luego, comenzó a sonar Asleep, y creía que era la canción más bonita que había escuchado nunca. Aunque fuese triste, era simplemente lo mejor que me había pasado hasta el momento.

Sing me to sleep, sing me to sleep.

I'm tired and I,

I want to go to bed.

Sing me to sleep,

Sing me to sleep,

And then leave me alone.

Don't try to wake me in the morning

'Cause I will be gone.

Don't feel bad for me,

I want you to know.

Deep in the cell of my heart

I will feel so glad to go.

Y estaba llorando mientras escuchaba aquella canción, pasándome los dedos por los ojos e intentando hacerlo en silencio, sin que nadie me oyese.

Alex entró con el pelo mojado y un pijama de verano puesto, abriendo los ojos y apresurándome hacia mí al verme en aquél estado.

—¿Olivia? —Me quité los cascos al verla así y sonreí negando, pero ella había puesto sus manos en mis mejillas.

—Estoy bien, estoy bien. —Dije asintiendo, humedeciéndome los labios.

—No, estás llorando... —Ella me limpiaba las lágrimas con los dedos.

—¿Sabes esa sensación cuando estás triste, y sólo las canciones tristes pueden hacerte sentir mejor? —Susurré con la voz casi temblorosa por el llanto. Ella soltó mis mejillas y asintió. —Pues así es como me siento ahora.

Capítulo 2

Olivia, 17 de Julio de 1997

Mi madre siempre decía que no confiase en gente extraña, pero ella no estaba aquí para decirme qué debía hacer y qué no. De todas formas, yo sí confiaba en Alex, sobre todo porque ella estaba sufriendo y no tendría la necesidad de hacerme daño, o eso pensaba yo. Su madre nos puso de cenar, y a decir verdad, era la primera vez que probaba el pollo paprika. Aunque primero miré el plato con el ceño fruncido, porque no sabía si iba a gustarme.

—Vamos, pruébalo. —Me dijo su madre, y miré a Alex, que tenía un trozo de pollo con verduras en la boca. No me daba miedo probar cosas nuevas, y menos si era comida. Me llevé un trozo a la boca y me quedé en silencio, cogiendo una de aquellas vainas verdes y comí un poco más bajo la mirada de Alex y su madre.

—¿Te gusta? —Preguntó Alex y levanté la mirada del plato un poco.

—¿Puedo hacerlo mi plato favorito? —Las dos rieron, pero yo las miraba sin entender nada porque la pregunta iba totalmente en serio.

—Claro que puedes hacerlo tu plato favorito. —Respondió su madre, y seguí comiendo. —Alex me ha dicho que has estado llorando.... ¿Estás bien? —Su madre se sentó a mi lado y solté el tenedor, bebiendo un poco de té helado, volviendo a poner el vaso en la mesa.

—Cuando algo significa mucho para mí, lloro. Sólo lloro con cosas alegres. —Me encogí de hombros mirando a la señora, que me miraba sin entender.

—¿Cuándo estás triste no lloras? —Negué lentamente, bajando la mirada al plato.

—No me gusta mostrar sentimientos por algo que me hace sentir mal. No los merece. —Dije volviendo a comer, escuchando el silencio en el salón.

—Esa es muy buena filosofía. —Respondió la madre de Alex, mientras yo comía sin darle mucha importancia.

Seguimos cenando, yo permanecía en silencio mientras escuchaba a Alex y a su madre hablar. Por lo visto, su padre estaba de viaje de negocios e iban a pasar unos días solas. Tras eso, su madre nos puso un batido de mango delante, y mojé un poco el dedo para probarlo, aunque acabé succionando por la pajita. Estaba realmente bueno, nunca había probado algo así.

—¿Tienes hermanos, Olivia? —Preguntó Alex y me separé de la pajita. Froté los dedos contra la mesa cerrando los ojos.

—Mi hermana murió hace unos meses, así que.... Tenía. —Dije sin abrir los ojos, frotándome la sien con la mano. Las dos se quedaron en silencio y volví a beber del batido dando pequeños golpecitos en la mesa.

—Dios mío.... Olivia, lo siento. —Seguí bebiendo un poco y me encogí de hombros. No quería pensar en aquello porque, aunque lo evitase me daban ganas de llorar.

Me terminé el batido y Alex se levantó de la silla, y yo fui tras ella al sentir su mano tocarme el hombro.

—Siento mucho lo de tu hermana. —Me dijo justo cuando llegamos a la habitación, y me encogí de hombros. —Tus padres lo deben de estar pasando mal.

Estábamos en la habitación, y no respondí, simplemente la miré sin decir nada más. Sus brazos me rodearon, dándome un fuerte abrazo. Esto sí lo respondí, y mis brazos rodearon su cintura y nos quedamos así un rato. Podía notar aquél perfume que desprendía su pelo, y se mezclaba con el olor a suavizante de limón que tenía su ropa.

—Puedes quedarte aquí el tiempo que quieras, lo he hablado con mi madre y....

—No, no. —Negué separándome de ella. —No quiero molestar, sólo.... Esta noche, y me iré. —Alex suspiró y señaló la litera de arriba.

—Está bien.... Dormirás aquí. —Asentí y me subí a la litera. Las luces se apagaron, y miré hacia el techo. —Buenas noches, Olivia.

—Buenas noches Alex. —Respondí jugando con la sábana, con los ojos abiertos.

Por las noches apenas dormía, y el médico dijo que tenía terrores nocturnos. Decían que eran pesadillas pero mucho más espectaculares, aunque yo por las noches no recordaba nada. El caso es que me llevó al médico mi profesora de literatura, la señora McBill, porque me quedé dormida en mitad de una clase y empecé a gritar como una loca, aunque tras dos horas no recordaba nada. Y desde entonces no quiero dormirme por las noches, y todo es un círculo vicioso.

Salí de mi burbuja y parpadeé un poco, escuchando el sonido de la respiración de Alex que rodeaba la habitación. Y luego, un sollozo. Giré mi cuerpo en la cama para asomar la cabeza, y ver que la chica estaba llorando por lo poco que la luz que entraba por la ventana me dejaba ver. Salté de la cama y me senté a su lado, y sus ojos llenos de lágrimas me miraron.

—Siento si te he despertado.... —Se disculpó ella, y negué. —Ven, no puedo dormir sin algo a mi lado. —Me pidió, y sin decir nada más me tumbé al lado de Alex. Su rostro estaba frente al mío, y podía ver cómo las lágrimas caían por su mejilla hasta sus labios, que presionaba un poco.

—Vi lo que te hizo. —Susurré pasando un dedo por su ojo, y ella los apretó. En aquellos momentos, Alex parecía consumida por su propia vida.

—No se lo cuentes a nadie, ¿vale? —Susurró con la voz temblorosa, y asentí lentamente.

—Tienes unos ojos muy bonitos. —Le dije, y ella sonrió con los ojos cerrados, abriéndolos después.

—¿Tú crees? —Su sonrisa era preciosa también. Moví la cabeza para asentir, y sonreí un poco para ella.

—Serías más guapa si tus ojos no estuviesen apagados siempre. Sonríes aquí —puse un dedo en sus labios con delicadeza— pero no aquí. —Puse un dedo al lado de sus ojos mientras me miraba.

—¿Cómo te das cuenta de esas cosas? —Preguntó ella, y me encogí de hombros mirando mis dedos y palpando mi propia palma de la mano.

—Me gusta observar... —Susurré en bajo, escuchando su carcajada.

—¿Puedo abrazarte?

—Sí, sí puedes. —Tan rápido como respondí estaba entre sus brazos, y volví a sentir el aroma a limón que desprendía.

Y así, a su lado, me quedé dormida entre sus brazos.

Olivia, 30 de Julio de 1997

El agua de la piscina estaba templada, y era raro porque pocas veces iba a la playa, y menos a una piscina a pesar de que vivíamos en Miami. El sol pegaba fuerte aquél día, y el rostro de Alex se tostaba bajo el sol. Aunque, la incomodidad invadía mi cuerpo porque Hank estaba tirado en una de las tumbonas, y lo observé un momento bajando la cabeza.

Había pasado aquellos días con Alex, por la mañana o por la tarde, siempre encontraba el momento para sacarme de casa y hacer que lo pasase bien.

Alex me tiró agua a la cara directa de su boca y arrugué la nariz, cerrando los ojos terminando por reírme un poco. Justo cuando iba a responderle, Hank se tiró al lado de nosotras salpicándonos a las dos, y me separé un poco de ellos. Los brazos de Alex rodearon el cuello de su novio, mirándome a mí con una sonrisa, que le devolví. Ella era perfecta, y él la estaba destrozando poco a poco.

—Pesas mucho. —Bufó él, que la soltó y salió de la piscina cogiendo una lata de cerveza saliendo del jardín mientras se la bebía. Me acerqué a ella lentamente hasta quedar frente a frente.

—Yo creo que eres perfecta... —Susurré en bajo, mirándola a los ojos algo tímida.

—Pero no eres un chico. —Espetó, y me encogí de hombros levemente.

—¿Quién dice que no puedes ser perfecta para una chica? —Alex se quedó en silencio.

Mi abuela decía que era muy lista, y muchas cosas que las personas aprendían con los años yo ya las sabía desde pequeña.

—Pero si él lo dice será verdad. —Ella cerró los ojos con un suspiro.

—Si puedo cogerte yo todo el mundo puede.

—¿Quieres cogerme? —Asentí con una sonrisa y ella rodeó mi cuello con sus brazos y mi cintura con las piernas. Su cuerpo encajó con el mío como si fuese la pieza de un puzle. Mis manos la sujetaban por la espalda, como si la estuviese abrazando. El rostro de Alex quedó a centímetros del mío, y me miraba a los ojos con una sonrisa.

—Ves como no pesas. —Susurré mirándola, y relamí mis labios al notar los ojos verdes de Alex clavarse en mí.

—¿Puedo hacerte una pregunta? —Sus manos se sujetaban a mi nuca y asentí. —¿Por qué te pusiste así cuando Hank gritó? —Recuerdo que salí de su casa y estaba tan aturdida que no sabía dónde ir.

—No... No... —La solté y me giré frotándome la frente con la mano, negando mientras salía de la piscina.

—Olivia, Olivia, lo siento, no importa. —Me agarró del brazo para que no me fuese y yo seguía con los ojos cerrados, notando su abrazo, sintiendo cómo me pegaba a su pecho. —Está bien, no volveré a preguntarte, ¿vale?

Y no lo hizo.

Olivia, 3 de Agosto de 1997

La tienda de discos y libros estaba abierta en una de las callejuelas de Miami. Alejada de todo el bullicio del centro, esta tienda era algo más reservada. Los vinilos, discos, películas y libros se amontonaban en las cajas que yo debía de colocar en las estanterías. Debería mencionar que había encontrado trabajo en esta tienda, y así tendría dinero suficiente para pagarme el autobús, comer, cenar, donde quisiera que fuese. Era bastante ordenada y milimétrica, por lo que el dependiente me contrató de inmediato, además, casi nunca hablaba.

—¿Qué hago cuando acabe con esto? —Dije señalando la pila de libros y discos que tenía en las cajas.

—Lo que quieras. —Respondió él, que leía una revista en la mesa.

Comencé a colocar aquellos libros uno a uno, sin pararme a observarlos mucho porque debía ir rápido. Una de las partes buenas de trabajar era que no tenía que volver a casa en todo el día, y estaba a su disposición casi siempre. Uno de los libros tenía la portada rota, con el trozo de portada al lado.

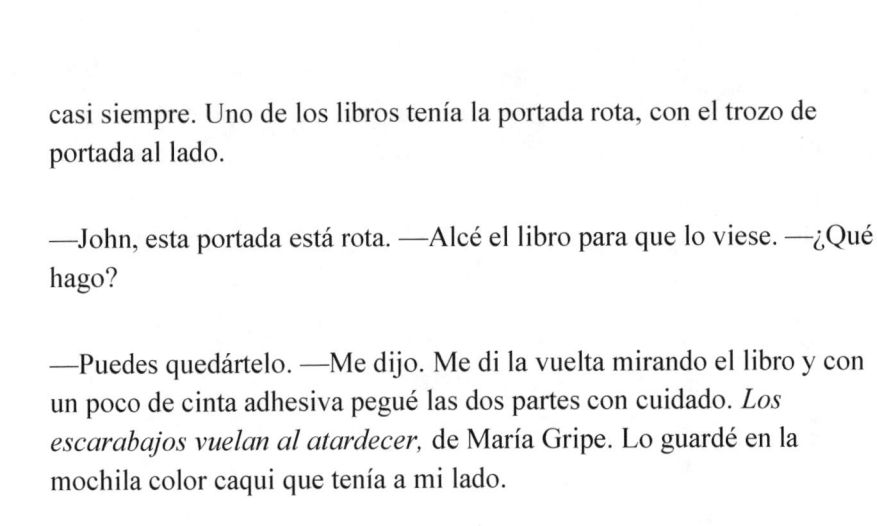

—John, esta portada está rota. —Alcé el libro para que lo viese. —¿Qué hago?

—Puedes quedártelo. —Me dijo. Me di la vuelta mirando el libro y con un poco de cinta adhesiva pegué las dos partes con cuidado. *Los escarabajos vuelan al atardecer,* de María Gripe. Lo guardé en la mochila color caqui que tenía a mi lado.

Seguí apilando libros hasta que terminé, viéndolos puestos en la estantería perfectamente. Luego, comencé con los discos observándolos entre mis manos. The Police, The Smiths. Ese era el disco que Alex me enseñó la noche que dormí en su casa, y era demasiado tentador abrirlo y ponerme a escucharlo, pero no, lo dejé en la estantería junto con los demás. La puerta sonó al abrirse y no me desconcentré de colocar los discos, ya que tenían que estar en orden alfabético.

—Perdona. —Levanté la cabeza al escuchar la voz, y cómo no, era Alex. —¿Olivia?

—Hola. —Levanté la mano para saludarla. Llevaba una camiseta ajustada con un pantalón vaquero ajustado, como siempre desde que la conocía, aunque muchas veces optaba por vestidos más ligeros, igualmente, estaba guapa. —Trabajo aquí. —Levanté el disco que tenía en la mano un poco y ella asintió.

—Ya veo, ya. —Su risa era preciosa, y sinceramente, no quería que parase de reírse porque era música para mis oídos. —A ver si puedes ayudarme, estoy buscando Rumours, de Fleetwood Mac.

No tenía ni idea de qué grupo era ese, pero me agaché, por la letra F.

—Debería estar por aquí.... —Dije en voz baja, pasando los discos uno tras otro hasta encontrarlo. —¿Es este? —Me puse de nuevo de pie, dándole el disco.

—Sí, gracias. —Miré sus ojos y juré por dios que sí que podía ser perfecta para una chica. Tendría un ataque de ansiedad allí mismo si no fuera porque estaba trabajando y quedaría como una lunática delante de Alex.

—Alex, joder, venga ya, sólo es un puto disco. —Escupió la voz de Hank desde la puerta, al que no había visto. Cuando volvió a salir de la tienda, Alex me abrazó tan fuerte que creí quedarme sin aire.

—Tengo cosas que hacer hoy.... —Susurró contra mi oído, y su voz ronca me hacía sentir cosas que verdaderamente no debía sentir. —Llámame mañana.

Olivia, 4 de Agosto de 1997

A Alex le gustaba hablar, pero a mí no. A Alex le gustaba que la escuchasen, y a mí me gustaba escuchar. La piscina de su casa refrescaba aquella noche calurosa de principios de agosto, y la verdad es que en aquellos momentos adoraba a Alex por dejar que me quedase con ella en casa.

Tras unos minutos, Alex se sentó a mi lado y me puso un botellín de cerveza en las manos. Lo miré un instante y fruncí el caño, nunca había probado aquello, pero ella se lo bebía como si nada. Puse la boquilla en mis labios y bebí un poco. Era amargo y fuerte, y mi primera reacción fue separarlo de mi boca, pero el regusto que dejaba era bastante bueno.

Un cigarrillo permanecía entre los labios de Alex, que lo encendía y daba una calada, bajo mi absorta mirada.

—¿Qué es eso? —Señalé las marcas de su cuello, moviendo los pies en el agua. Alex giró la cabeza para mirarme y pude observar cómo eran mordiscos por las marcas de los dientes.

—Suele pasar cuando tienes sexo. —Asentí levemente y no pude evitar sentirme incómoda y desubicada ante aquella respuesta, que me dejó en completo silencio.

—¿Lo quieres? —Ella se quedó en silencio y me acercó el cigarro a los labios, que volví a tomar dando una simple calada.

—Sí. —Respondió finalmente, pero yo sabía que en realidad no. En mi mente, si querías a una persona no dudabas en decir si la querías o no. Aunque era bastante inocente, ya me dijo mi abuela que era lista. Ella se encendió otro cigarro y yo continué el suyo, dejando salir el humo por mis labios.

—¿Duele tener sexo? —Pregunté, y ella volvió a mirarme con una sonrisa.

—No, cariño, no duele. —Respondió de una manera tierna, mirándome a los ojos. —A la mayoría de la gente no le duele. —Añadió, y asentí con levedad mirando el agua de la piscina.

—¿Por qué llevas tantas pulseras? —Preguntó mirando mis manos.

—Porque así no se pueden ver los cortes, es útil. —Dije en tono normal, y Alex me cogió la cara para mirarla, casi estaba enfadada.

—Olivia, deja de hacer eso. Tienes que dejar de hacerlo. —Fruncí el ceño y aparté sus manos de mí, aunque me costó porque eran suaves, casi aterciopeladas.

—No eres la más indicada para hablar, al no dejar a tu novio estás haciendo lo mismo que yo. La diferencia es que lo mío son cortes superficiales, tú vas a acabar en un hospital si sigue así. —Pocas veces hablaba tan cortante, pero en esa situación yo llevaba la razón. —¿Por qué no lo dejas?

—No sé si alguien más va a quererme. —Respondió, con miedo en los ojos y en la voz.

—Tienes diecisiete años, Alex y eres la chica más guapa que he visto. Podrías ser modelo, o estudiar una carrera y ser una mujer importante, ¿sabes? —Sonreí y me encogí de hombros. —Ese chico sólo te ata, te hace daño y, a ti todo el mundo te querría.

—¿Todo el mundo? —Me miró con una sonrisa triste, y asentí dando una calada al cigarro a la vez que ella, soltando el humo.

—Eres muy guapa cuando sonríes, y cuando piensas que nadie te mira pero yo te estoy mirando y.... Cuando algo te hace ilusión, se te ponen los ojos brillantes. Y tienes las manos suaves, y hueles a limón. Me gusta ese olor, porque cada vez que lo huelo me recuerda a ti y me hace sentir que estoy bien y que estás conmigo... —Sonreí encogiéndome de hombros, observando que el cigarrillo se había consumido casi en mi mano.

—Pero no es tan fácil dejarlo, Olivia. —Me encogí de hombros dándole vueltas al botellín de cerveza, mirando cómo rodaba entre mis dedos.

—No quiero que te mueras. —Dije simplemente, y Alex se tensó a mi lado quedándose en silencio. El agua se reflejaba en su cara, que se movía paulatinamente. —Quiero pollo paprika.

Capítulo 3

Olivia, 11 de Agosto de 1997

En el salón de Alex cabía mucha gente, y en su casa aún más. La música sonaba tenue, algo bohemia diría yo y todos reían sin parar mientras yo los miraba. Echaba de menos a Alex, no sabía dónde estaba y no me sentía bien cuando no estaba cerca de mí, cosa que empezaba a pasarme con frecuencia. Además, sentía una pequeña presión en el pecho con el simple hecho de pensar en que el maltratador de su novio estaba con ella haciéndole daño, y no la trataba como verdaderamente se merecía.

—Eh, Olivia. —La voz de Charlie me llamó desde el sofá, y yo rodeé este para quedar frente a ella y algunos amigos. —¿Quieres una magdalena? —Estaba realmente hambrienta, salí de la tienda después de trabajar y justo vine a casa de Alex así que la acepté. La tomé con una mano y le di un pequeño mordisco, estaba bastante buena, así que le di otro. Y así, hasta que me comí la mitad a mordiscos. Todo empezó a verse borroso, y parecía casi como si mis movimientos se ralentizasen. Todos se reían, y yo también reí, sentándome en el suelo a jugar con las puntas de hilo de la alfombra.

—¿Te ha gustado? —Preguntó una chica a la que apenas podía verle la cara, pero sonreí.

—Sí.... Estaba muy muy buena. Muy buena. —Repetí asintiendo, quedándome sentada en el suelo con una sonrisa idiota.

—¿Qué te parece la fiesta?

—No me gusta, no está Alex y eso hace que no me guste... —Cerré los ojos frotándome la sien con la mano.

—¿Te gusta Alex? —Preguntó Charlie mientras todos se reían.

—Sí, sí.... Es muy guapa, y me trata muy bien, sus manos son muy suaves y... —Me reí un poco ni idea de por qué, sólo me daba la risa. —Y sus labios creo que también. No entiendo por qué se dice 'vas para atrás como los cangrejos' si los cangrejos caminan de lado... —Suspiré haciendo que todo el mundo riese a carcajadas, y yo también reí. —Me gustan los cangrejos...

No lo pude ver claramente, pero mientras todos reían Alex apareció por detrás, y no podía contener mi risa.

—¿Pero qué le habéis hecho? —Decía Alex alarmada, poniendo las manos en el sofá. —Olivia, mírame. —La miré con una sonrisa, dando golpecitos en mis rodillas con los dedos. Sus ojos estaban más verdes que nunca, pero no sabía qué pasaba. —Estás colocada. —Todos rieron y yo también, pero Alex simplemente sonrió negando. —¿Cómo te sientes? —Bajé la mirada a mis manos, palpando el pantalón que llevaba y cerré los ojos.

—Mmh... Tengo hambre.

Alex me levantó del suelo y los demás se quedaron hablando en el salón, con la música puesta a todo volumen, pero yo sólo podía mirar a Alex. Ella me hacía estar más colocada incluso que cualquier magdalena de esas.

—¿Qué quieres comer? —Preguntó, ayudándome a sentarme en la mesa de la cocina.

—Mmh... Pollo paprika. —Respondí, escuchando su melódica risa sonar.

—No puedo hacerte pollo paprika ahora. —Apoyé mi cabeza en los brazos, mirándola.

—Pizza. —Respondí. Hacía años que no comía pizza, y me apetecía probarla de nuevo. Alex sacó una pizza del congelador y encendió el horno, metiendo ésta dentro. Antes de sentarse a mi lado, me puso un vaso de batido de mango frente a mí y empecé a beber riendo levemente.

—¿Estás bien? —Me preguntó, y cogí una patata de la mesa mojándola en el batido para después comérmela.

—Muy bien... —La risa de Alex era algo que nunca me cansaría de escuchar. —Me gusta tu cara.... —Susurré girando la mirada hacia ella, que quedaba a escasos centímetros de la mía. Sus dedos colocaron un mechón de pelo tras mi oreja, y sonreí por el gesto.

—No se lo digas a nadie esto que voy a contarte, ¿vale? —Asentí comiéndome otra patata mojada en batido. Su boca se acercó a mi oído, y pude sentir su aliento chocar contra mi piel, provocando que el pelo se me pusiese de punta hasta en la nuca. —Eres preciosa. Y probablemente no recordarás esto mañana, pero quería decírtelo. Me encantaría pasarme todo el día abrazada a ti, porque sólo con un roce puedes alegrarme el día, ¿sabes? Me encantaría poder ordenar contigo esos CDs, por absurdo que parezca, o simplemente estar junto a ti. No siento eso nada más que contigo, Olivia. —Su voz era ronca, y sus labios rozaban mi oreja. Cuando giré el rostro, vi a Alex con una sonrisa, esperando a que yo dijera algo.

—Mi pizza se quema. —Dije simplemente con los ojos entrecerrados, escuchándola reír de nuevo. Adoraba su risa, pero estaba totalmente colocada y no sabía lo que hacía.

Me comí la pizza compartiéndola con Alex manchándole la cara de tomate y queso, para luego limpiarla con la servilleta de manera algo torpe porque no sabía ni dónde ponía la mano.

—Te espero arriba. —Hank pasó detrás de nosotras y vi cómo Alex se levantó, dándome un apretón en la mano. Estaba triste, estaba completamente hundida.

Charlie apareció por detrás y me levantó de la silla, mirándome.

—Vamos a dormir, Olivia. —Y eso hizo. Me llevó hasta una de las habitaciones y me senté en la cama, observando cómo Charlie se iba y me quedaba sola. Tras unos minutos sentada en la cama, comencé a escuchar golpes en la pared, pero ni rastro de voces. Además, se le unió el sonido del muelle de la cama, y eso provocó que por primera vez en mucho tiempo llorase por algo que me entristecía. Se estaba acostando con él en la habitación de al lado, y eso hacía que me partiese en dos. Sólo lloraba por cosas graves, como lo de mi hermana, y ahora estaba llorando intentando no pensar en todo lo que yo quería darle a Alex y no podía, y en todo lo que él le estaba dando y ella no merecía.

Me dormí unos cuarenta y cinco minutos, hasta que volví a despertarme. Había dejado de estar colocada y ahora sólo estaba mareada. Los pasos se sucedían por el pasillo hasta que se hizo el silencio, y sólo se escuchaba el sonido de la ducha frente a mi puerta en el pasillo hasta que paró. Unos minutos más tarde, salí al pasillo y vi a Alex con el pelo mojado y el pijama puesto. No quedaba nadie en la casa, ni siquiera Hank, porque la puerta de aquella habitación estaba abierta. Ella bajó la mirada y se cruzó de brazos, pude ver las marcas en su cuello, en sus brazos, en sus labios. Crucé el pasillo para ir a abrazarla pero ella se separó.

—No.... —Negó lentamente, y me aparté rápido agachando la cabeza, eso fue otra cosa que me dolió. —No quiero que me toques de esta forma, no te mereces verme así. —Susurró con la voz rota, pero hice caso omiso y la abracé con todas mis fuerzas y Alex comenzó a llorar en mi pecho. Iba a empezar a llorar con ella, pero no, no quería, no quería llorar por aquél imbécil.

Entramos en la habitación en la que yo estaba y nos tumbamos en la cama, la abracé tan fuerte que no se separó de mí un centímetro y podía notar su cuerpo temblar entre mis brazos. Era una sensación aterradora, no quería que sufriese así, y aquello me mataba.

—No llores... —Susurré en su oído, dándole un beso en la parte trasera de su oreja, y ella se calmó. Aquél olor a limón me hacía sentir miles de cosas a la vez, pero no sabía que era. Tenía ganas de, no sé, subirme por las paredes y romper cosas y estallar de emoción al verle la cara, pero ella estaba rota, y eso me rompía a mí.

—*Sing me to sleep, sing me to sleep. I'm tired and I.... I want to go to bed...* —Comencé a cantar en voz baja en su oído, sintiendo sus manos relajar el agarre que tenían en mi espalda. —*Don't try to wake me in the morning 'cause I will be gone.... Sing to me, sing to me.... And then leave me alone. Don't feel bad for me, I want you to know.... Deep in the cell of my heart I reAlycia want to go...* —Mi voz era suave, calmada, que intentaba hacer sentir bien a Alex, aunque se quedó dormida.

Abrí los ojos y Alex estaba despierta a mi lado, y sí, se podía ser más preciosa aún, cosa que ya no me parecía normal. Me dolía sólo de pensar que la tenía ahí, y no sabía qué hacer para dejar de sentir aquello.

—Buenos días... —Su sonrisa se amplió al ver que me había despertado y me puse una mano en la cabeza porque no recordaba nada de la fiesta, excepto lo de después.

—Buenos días, Liv. —Arrugué la nariz al escuchar aquél mote, soltando una pequeña risa.

—¿Estás mejor? —Ella asintió y nos quedamos mirándonos un momento en silencio. Me mordí el labio inferior, observando los suyos que estaban carnosos y húmedos. Alex suspiró, removiéndose un poco en la cama. —¿De verdad no duele tener sexo? —Alex volvió a abrir los ojos, y negó con una sonrisa.

—No, cariño. —Puso una mano en mi mejilla y pasó el pulgar por esta, dándome una débil caricia. —¿Por qué me preguntas eso? —Ella frunció el ceño girándose en la cama con un quejido, quedando frente a mí de nuevo.

—Porque me levanté a beber agua mientras dormías y al pasar por tu habitación, tu.... Tu cama estaba manchada de sangre, un poco. —Susurré jugando con sus manos, escuchando un suspiro de sus labios.

—No, Olivia, escúchame, no duele. —Sus manos tomaron mis mejillas y la miré a los ojos, con algo de miedo. —Que me duela a mí, es otra historia.

—¿Y por qué te duele a ti y a los demás no? —Alex cerró los ojos pasándose una mano por la cara.

—¡Porque el sexo es para la gente que se quiere! —Me encogí en la cama al escucharla hablar así, aunque rápidamente Alex se tapó la boca con una mano. —Perdón, lo siento....

—No lo quieres. —Murmuré en bajo, jugando con el borde de la sábana con la que estaba tapada. La mandíbula de Alex se apretó, y volví a preguntar. —¿Y por qué te duele?

—Olivia, cielo, es algo muy.... Específico, y no sé si... —No aparté la mirada de ella, esperando su explicación. —No vas a parar hasta que te lo explique, ¿verdad? —Negué lentamente, y me tumbé de lado en la cama, mirando sus ojos. —¿Alguna vez has visto a un chico guapo y has sentido.... Cosas? —Negué lentamente, porque esas 'cosas' las sentía con ella. —Bueno pues.... Cuando tú ves algo que te.... Mmh.... Pone, los chicos normalmente tienen erecciones, y nosotras pues.... —Se humedeció los labios y miró hacia abajo. —Digamos que la humedad aumenta ahí abajo. Y para que el chico entre ahí, tienes que estar.... Bastante húmeda. Oh dios mío... —Soltó una risa frotándose la frente, volviendo a mirarme. —Y eso a mí con él no me pasa. Pero a él le da igual, y lo hace igualmente, y más fuerte aún, por eso sangro y me duele. Y.... —Mis mejillas se habían puesto totalmente rojas por la forma en la que Alex me estaba mirando, y me explicaba de aquella forma el sexo, aunque era algo extraño. —Y eres preciosa.

—¿De verdad? —Pregunté alzando las cejas. —Yo... Me haces muy feliz. —Dije apoyando la cabeza en su hombro, cogiendo su mano para acariciar la palma de esta.

—¿Recuerdas algo de ayer? —La voz de Alex era suave, intentaba ser comprensiva conmigo, pero negué, porque sólo recordaba que me tomé una magdalena y luego me levanté con dolor de cabeza y se acostó a mi lado. —Bien.... —Me acarició el brazo suavemente.

Alex, 12 de Agosto de 1997

La inocencia de Olivia provocaba en mí entre ternura y excitación. Era perfecta. Su pelo, sus labios, su mirada, incluso la manera en que se sentaba a escucharme cuando tenía algo que decirle era perfecta. Hank se había ido a Boca Ratón con su familia, y por fin me había dado algunos días de respiro.

Abrí la puerta de la tienda, y el ventilador me dio algo de respiro por el calor que hacía fuera. Olivia estaba sentada en el mostrador con un libro abierto, que leía bastante concentrada, aunque por el ruido de la puerta al cerrar levantó la cabeza y sonrió al verme. Era una de las mejores cosas que tenía Olivia, podría sonreír y me alegraba el día entero. Y no debería sentirme así, porque era una chica, y porque yo tenía novio con el que debía estar, pero era así.

—Hola. —Dijo ella cerrando el libro, y no había nadie más en la tienda, ya que era la hora de comer.

—Olivia. —Olivia rio al escuchar cómo la llamaba y se levantó de la silla. —¿No descansas? —Ella negó, jugando con sus propias manos encima del mostrador.

Estaba todo ordenado, todo por Olivia.

—¿Puedo ayudarte? —Preguntó ella, cosa que me hizo reír, era muy responsable en todos aquellos aspectos.

—Sí.... Estaba buscando Louder Than The Bombs, de The Smiths. —Olivia asintió con el ceño fruncido y salió de detrás del mostrador, buscando por las estanterías. Comenzó a buscar entre los discos, pasándolos uno tras otro con agilidad en los dedos, mientras yo esperaba a su lado. Sacó uno y lo miró, enseñándomelo. —¿Es este? —El disco de Louder Than The Bombs estaba entre sus manos, y asentí. —Es una recopilación del 1987, así que es algo más caro. —Me dijo ella, poniéndolo en mis manos.

—Lo sé. —Asentí sonriendo, y ella se quedó mirándome un instante hasta que carraspeó.

—¿Quieres algo más?

—Sí, estaba buscando Alicia en el País de las Maravillas. —Seguí a Olivia por la tienda y cogió el libro, poniéndomelo en la mano. —Es mi película favorita, no me juzgues. —La risa de Olivia se mezcló con la mía.

—¿Algo más?

—No, ya está todo. —Respondí acercándome a la caja con ella. Tecleó en la caja registradora y se giró hacia mí.

—Seis dólares con diez. —Fruncí un poco el ceño. Apoyé las manos en el mostrador y me acerqué a ella.

—¿Sabes que cinco y cinco suman diez? —Susurré en bajo, y Olivia me miraba como si estuviera loca. Acercó su rostro al mío, y no pude evitar mirar sus labios.

—¿Sabes que con vale de descuento es seis? —Susurró, y agaché la cabeza negando porque acababa de hacer el idiota.

—No tengo vale de descuento. —Dije sacando diez dólares, y ella me devolvió tres dólares con noventa.

—Cállate y acepta el descuento. —Dijo en voz baja, y recogí la vuelta que Olivia me había dado. Abrí la mochila que llevaba a la espalda y saqué una pequeña fiambrera, que captó su atención. —¿Qué es?

—Pollo paprika. —Olivia alzó la mirada y sonrió un poco. —Mi madre lo ha hecho para ti. Y.... Como no tienes almuerzo, podríamos comer juntas.

Olivia miró la fiambrera y no reaccionó, sólo me acerqué y tomé asiento a su lado, abriendo la tapa.

—¿En serio lo ha hecho para mí? —Asentí dándole uno de los dos tenedores.

—Bueno, para ti y para mí. Le dije que venía a verte. —Me encogí de hombros observando su sonrisa.

Empezamos a comer, y no había algo más adorable en el mundo que Olivia comiendo tan concentrada. Su mentón marcado de perfil, sus labios carnosos y húmedos provocaban que no apartara la vista de ellos un segundo.

—Olivia.... —Ella se giró, y pude ver más claramente que tenía la comisura del labio manchada. Alargué un dedo suavemente y lo limpié, chupándome después el dedo pulgar, viéndola sonreír. Pero luego me percaté de una cosa, tenía unas marcas extrañas en la parte superior de la espalda, subiendo a su cuello. Mis dedos se posaron sobre las marcas, de forma circular, y ella se apartó al instante con un fuerte quejido. —Lo siento, lo siento. —Pude ver en sus ojos el dolor, y el miedo que tenía al haberle tocado aquellas marcas.

—No me gusta cuando tienes marcas. —Susurró ella, y provocó que agachase la cabeza con algo de tristeza.

—A mí tampoco me gusta. —Olivia movía el pollo con el tenedor, sin mucho ánimo tampoco. —¿Cuál es tu canción favorita?

—Hice Asleep mi canción favorita. —Susurró con una sonrisa, apoyando la barbilla en las piernas que tenía recogidas en el suelo, tras el mostrador. —Mi canción favorita en el mundo.

Saqué de la bolsa el CD de *Louder Than The Bombs,* enseñándoselo.

—¿Sabes qué canción hay aquí? —Ella negó, e hice que tomase el disco entre sus manos. —Asleep. Y 22 canciones más. Vamos, cógelo. —Olivia alzó la cabeza y lo tomó con cuidado.

—Pero.... Pero es tuyo.... —Dijo mirándome, y negué.

—No.... Alex compré para ti. Yo ya tengo esas canciones en casa. —Olivia miró el disco entre sus manos, y comenzó a llorar en silencio. Mis dedos intentaban quitar sus lágrimas. —¿Estás feliz?

—Mucho... —Asintió con una sonrisa. Rodeé su cuerpo entre mis brazos y la pegué a mi pecho, abriendo el libro de Alicia en el País de las Maravillas que acababa de comprar.

—¿Tienes este libro? —Olivia negó mientras sollozaba, y di suaves besos en su pelo. Podría quedarme allí todo el día, con Olivia llorando de felicidad entre mis brazos.

—Me sé la historia y es mi favorita.... No leí el libro. —Su voz sonaba entrecortada, y apoyé mi mejilla en su cabeza mirando el libro entre mis manos.

—Me gustaría vivir en el País de las Maravillas contigo, ¿sabes? —Pasé las hojas mostrándole las ilustraciones del Sombrerero, la Liebre de Marzo, el conejo.... Todos los personajes que de alguna forma representaban algo. —Sin gritos, sin peleas, sin golpes, sin preguntar de qué son esas marcas. Solas tú y yo. ¿Te gustaría eso? —La cabeza de la morena se movió para asentir, a la vez que le daba el libro y se lo tendía para que lo cogiese. —Voy a protegerte de todo lo malo que pueda pasarte, ¿me oyes?

—Ojalá fuese verdad.

Capítulo 4

Alex, 17 de Agosto de 1997

Y aquello de entrar en la tienda a la hora de comer para ir con Olivia, se hacía una costumbre. Cada vez que entraba, tenía sus cascos puestos escuchando *Louder Than The Bombs*, aunque aún se estaba terminando aquél libro, aunque ya casi iba por el final.

—¿Alguna vez has probado el vodka? —Le pregunté mientras comíamos un trozo de pizza. No sabía por qué, pero Olivia se quedaba mirando el pedazo y luego le daba un mordisco. Parecía como si no la hubiese comido en la vida.

—No, ¿a qué sabe? —Preguntó frotando los dedos con su pantalón. Se pasaba la lengua por el labio manchado de aceite, y casi no podía apartar la mirada de ella.

—Sabe cómo si te desgarrasen la garganta con fuego. —Arrugó la nariz y solté una carcajada al ver su expresión.

—¿Por qué pruebas esas cosas? —Cogió un trozo de pepperoni con los dedos y se lo comió, paladeándolo.

—No sé, me gusta probar cosas diferentes. —Respondí, mordiéndome el labio inferior al verla tan concentrada. —Oye, ¿nunca has comido pizza?

—Una vez de pequeña. En el cumpleaños de mi prima Eleanor. —Simplemente no entendía como viviendo en aquél país, Olivia hubiese probado sólo tres veces la pizza y dos conmigo.

—Eres rara. —Le dije en voz baja, dejando un trozo de aquella pizza en el cartón.

—Suelen decírmelo en el instituto... —Ella agachó la cabeza con algo de tristeza y negué, incorporándome porque la acababa de hacer sentir aún peor.

—Oh, no, no en ese sentido. Me gustas, es decir... —Carraspeé un poco al decir aquello, porque no quería decirlo de esa manera, aunque sí, me gustaba. Me gustaba muchísimo, pero no quería decirle eso. —Me gusta tu personalidad. No tienes maldad, eres... Mi persona favorita en el mundo. —Le dije con una sonrisa, utilizando esa frase que ella me había enseñado en aquél mes.

—¿De verdad soy tu persona favorita en el mundo? —Asentí, y ella me abrazó. No sabía cómo sentirme, me gustaba demasiado y no podía. No estaba bien aquello. —¿Puedo hacerte una pregunta? —Dijo volviendo a sentarse a mi lado.

—Claro. —Sonreí asintiendo, y dejé la caja de la pizza a un lado.

—¿De qué color son tus ojos? —Los señaló y tomó un sorbo por la pajita de coca cola, mirándome con la cabeza gacha.

—Mmh... Verdes. —Ella negó, y los señaló con una sonrisa.

—Hoy son marrones. —Ladeó la cabeza antes de volver a beber, demasiado concentrada en lo que hacía. Sólo quería abrazarla y decirle que todo estaría bien, que estuviese tranquila porque conmigo no iba a pasarle nada malo. —¿Por qué son marrones, si son verdes? —Mordisqueaba la pajita y suspiré. No encontraba ninguna respuesta para aquello.

—La luz, supongo. —Me encogí de hombros, pero ella no me contestó ni me miró.

—Mi abuela me decía cuando era pequeña, que el color de los ojos cambiaba con el estado de ánimo de la persona. Si estaban tristes, eran más oscuros, y si estaban alegres, eran claros. —Se rascó la frente con el dedo mirando hacia adelante. Pude ver las marcas circulares en su cuello, ya que llevaba el pelo en una coleta. Eran de un tono rojizo y marrón, que iban bajando por su cuello hasta desaparecer por el borde de la camiseta.

—Deberían estar verdes entonces. —Ella me miró con una de aquellas sonrisas inocentes, y no podía evitar sentirme triste e impotente en aquél momento.

—¿Por qué? ¿Te gusta la pizza? —Sonreí ante su ingenuidad, y asentí, quedándome en silencio mientras sostenía su mirada.

Me gustas tú.

Alex, 17 de Agosto de 1997

—Ya casi nunca pasas tiempo conmigo. —Hank se sentó en la mesa del salón de casa, y le puse el plato de la cena delante. En aquél momento mis ojos deberían estar negros.

—Lo siento, he estado algo liada ayudándole a mi madre. —Mentí, siempre lo hacía.

Él empezó a comer sosteniéndome la mirada, pero yo, sinceramente no tenía estómago para eso.

—¿No comes? —Señaló mi plato y negué, poniéndoselo a él delante.

—Me dijiste que pesaba mucho así que... —Mentí de nuevo, me importaba una mierda parecerle atractiva o no. A la única persona a la que quería importarle era a Olivia.

—Bien. —Respondió él mientras comía. —Oye, siento lo de antes, yo... —Suspiró y ya me sabía aquél discurso de memoria. —He perdido los papeles. Te juro que no soy así, te quiero. Te prometo que voy a cambiar. —Tomé algo de aire de forma temblorosa, porque después de aquél discurso siempre venía más de lo mismo.

—Está bien. —Aún me temblaban las piernas, las manos, y juraba que hasta el alma. Si fuese Olivia la que cenaba conmigo, probablemente habría alucinado con el pollo frito, y habría tardado diez minutos en comerse un trozo porque se quedaría observándolo y preguntándome cómo se hacía aquello. También me habría obligado a comer, y me sonreiría como sólo ella sabía hacer.

Llamaron a la puerta pero él ni se inmutó, y aunque me doliesen las costillas al levantarme me acerqué a la puerta. Al abrir, Olivia estaba detrás de ella, y casi lloro de felicidad al verla allí.

—Hola, venía a devolverte esto. —Me dio una cinta de The Samples, que llevaba mi canción favorita. —Me ha gustado mucho, muchas gracias. —Podría mirarla durante el tiempo que hiciese falta, en silencio.

—De nada, pero es para ti. —Se la devolví y ella se quedó mirando la cinta un momento. Apreciaba esas pequeñas cosas que nadie veía, pero que ella sí.

—Alex, ¿quién coño es? —Apreté los ojos y Olivia me miró con lástima, odiaba esa mirada, pero en cierto modo la entendía. —Bah, me voy arriba. —Esperé unos segundos a que se fuese y Olivia sacó del bolso un pequeño libro.

—Tú siempre me das cosas y yo a ti no... —El libro era naranja, y más bien parecía de niños pequeños. *El verano de la sirena,* se llamaba. —Lo leía mil veces cuando era pequeña, y no sabía por qué me gustaba. —Estaba ajado, con las puntas hacia arriba y las hojas amarillas. La abracé, la abracé tan fuerte que incluso me quejé porque me estaba doliendo, pero no me separé de ella.

—Muchas gracias. —Miré el libro y ella se encogió de hombros, simplemente.

Alex, 18 de Agosto de 1997

Charlie estaba sobria, pero no dejaba de beber cerveza. Aquello de estar sentada en la piscina mientras fumábamos, provocaba un silencio incómodo entre nosotras dos. Tenía un lado de la cabeza rapado, y eso la hacía parecer... Rara, pero aun así, a mí me parecía genial.

—¿Qué te pasa? —Me preguntó, y apreté la mandíbula agachando la cabeza. Tomé una calada echando el humo entre los labios mirando al cielo.

—¿Alguna vez has pensado que todo es una mierda? —Escuché su risa y cogí la cerveza que estaba al lado de mi pierna, dándole un buche demasiado largo, quizás.

—Es la razón por la que voy colocada todo el tiempo. —Suspiré por la nariz y me tumbé en el césped, mirando el cielo despejado que casi siempre había en Florida. —Te gusta Olivia, ¿verdad? —Giré la cabeza para mirarla. No podía negárselo, era mi mejor amiga aunque la mayoría del tiempo estuviese fumando marihuana.

—No puede gustarme. No tiene que gustarme. —Apreté los ojos y me incorporé de nuevo, frotándome la cabeza con las palmas de las manos.

—No puedes olvidar que te gusta, Alex.

—No me gustan las chicas. —Nos quedamos en silencio. Miré el agua de la piscina, y a decir verdad Olivia llevaba razón, relajaba el sonido que hacía. —No pueden gustarme.

—Esto no va a parar, Alex. Y va a ir a más, y a más. Y un día tu novio te dará una paliza que te mandará al hospital. ¿Crees que soy gilipollas y no me doy cuenta? —Aquello me dejó con el corazón en un puño, y tragué saliva tan pesadamente que creía estar tragando una bola de metal. —Estás consumida, te estás muriendo poco a poco y no te das cuenta. Y me puedes decir, 'no me gusta Olivia, es que me da cariño', y una mierda. Yo he estado a tu lado todo este tiempo y soy una chica, y te he dado cariño, pero ella... La quieres, es decir, joder la miras como deberías mirar al cabrón de tu novio. —Estaba empezando a llorar y agaché la cabeza, intentando que así se ocultasen mis emociones o, yo qué sé, pero agaché la cabeza.

—No quiero que me guste Olivia.

—¿Quieres sufrir? —Me preguntó en un susurró, y negué lentamente. —Estamos en Miami, una de las ciudades más libres del mundo. —Negué apretando las manos en mi cabeza, porque no podía seguir así. —La única manera de que dejes esto es que te alejes de Olivia.

Olivia, 29 de Agosto de 1997

Echaba de menos a Alex, mucho. Era extraño porque, ahora ya no venía por la tienda ni cogía mis llamadas, quizás no sabía que era yo, aunque siempre llamaba desde la misma cabina, entonces era raro. Siempre me quedaba mirando la puerta a eso de las dos de la tarde, esperando a que entrase con algo para comer, y yo siempre le tenía algún libro que enseñar, o alguna canción nueva que había escuchado en la radio aquella mañana, pero Alex no aparecía. Empecé a ponerme triste, y odiaba estar triste. Mi abuela de pequeña me decía que cuando estaba triste escribiese lo que sentía, y eso me ayudaría a desahogarme. Y eso hice, casi nadie entraba a la tienda así que me entretuve toda la tarde en escribir en una pequeña libreta que cogí prestada de la tienda, mientras escuchaba *Could It Be Another Change* de *The Samples*. Adoraba mucho esa canción, así que había decidido hacerla mi segunda canción favorita en el mundo. Era un lío, porque quería escuchar *Asleep* y *Could It Be Another Change* y tenía que cambiar del discman a la cinta y los cascos, pero era genial, aunque yo en aquél momento me sentía muy triste. Nunca había escrito, pero aquella libreta se estaba llenando de pensamientos, y de letras de canciones que había escuchado.

—Olivia. —Me dieron en el brazo y levanté la cabeza, era el encargado. —Vamos, vete a casa.

Cerré la libreta, de anillas gruesas y líneas azules, que recogían aquellos pensamientos de una tarde horrible, y aún más horribles iban a ser. No quería volver a casa, así que con los cascos puestos me monté en el metro, ahora sí que tenía dinero para pagarme el billete.

The only time I feel good falling, is when I'm falling fast and hard for you. The only time I feel good sinking, is when I'm sinking fast and deep for you.

El sonido de los vagones traspasaba los auriculares, y la sensación de soledad por una vez era maravillosa, aunque seguía sintiéndome como si alguien me hubiese arrancado el corazón. Pero no me permitía llorar, porque sólo lloraba por cosas felices, por ejemplo, si volvía a ver a Alex.

Why can't you just feel that way I do?

You can't love no one, you can't love something, you can't love nothing, you can't love anything, till you can love yourself.

Yo quería a Alex, quería cada parte de ella. Me gustaban esas pecas que salían en su cara cuando le daba el sol, y me gustaba cuando me hacía preguntas que simplemente yo respondía. Sus ojos, aunque la mayoría del tiempo estaban tristes, eran preciosos. Me gustaría que algún día me pudiese abrazar de la forma en que abrazaba a su novio.

Las paradas seguían pero yo no iba a bajarme, no en aquella noche, porque me dolería demasiado volver a casa. No podía volver a casa, no en aquél preciso momento. Y ahora sonaba Asleep. Era la mejor canción que había escuchado hasta entonces, y me hacía sentir feliz y triste a la vez. Me hacía sentir bien porque aquella canción me comprendía, me reflejaba en ella pero... La realidad era más dura que eso.

There is a another world, there is a better worl. There must be, well, there must be.

Capítulo 5

Alex, 27 de Agosto de 1997

No debería sentirme así. No debería sentirme como si me hubiesen pegado un tiro en el pecho, pero así era. Odiaba a mi madre en aquellos momentos haciendo para cenar pollo paprika, la odiaba de verdad. Mi padre había vuelto de nuevo de sus viajes de negocios y mis hermanos y yo nos habíamos sentado a la mesa. Todo era silencio. No podía ni siquiera oler el plato sin que me viniese a la mente Olivia, y es que me estaba matando.

—¿No comes? —Mi padre señaló el plato. —Estás muy delgada, Alex.

—Tengo el estómago revuelto. —Respondí sin más, mientras mis hermanos me miraban mientras comían. Eran uno y dos años más pequeños que yo, pero aun así ninguno de los dos sabía lo que estaba pasando con mi vida. Sólo Olivia y Charlie.

Me levanté y dejé mi plato en la encimera de la cocina, subiendo a mi habitación. Era extraño cómo el cuarto estaba pintado de colores tan vivos, y sin embargo, yo estaba tan apagada por dentro, tanto, que parecía que me consumía día a día como una cerilla.

Me senté en la cama y me abracé a mis piernas, viendo el libro que me había regalado Olivia, que sobresalía por el hueco del cajón. Lo saqué y observé la portada. Naranja, con una sirena dibujada en el centro, me hacía pensar en aquellos lugares donde quería viajar, y sin embargo no salía de Miami. Abrí la página con cuidado de no romperla y comencé a leer, distrayéndome así un poco de todo. La echaba de menos, incluso leyendo aquella pequeña historia sobre el pescador desterrado de su pueblo por una sirena, y que teme volver.

Me quedé leyendo aquél libro hasta las tantas de la madrugada, pero bajé al salón del calor que hacía. Encendí un cigarro en el jardín, y comencé a fumar mirando el cielo. Olivia me decía siempre que, estemos donde estemos, siempre veremos la misma luna. Era nuestro punto de conexión, sabía que ella estaría conmigo, estuviese donde estuviese.

Llamaron con dos golpes a la puerta y fruncí el ceño, tirando el cigarrillo y me acerqué a la puerta para abrir. Tras esta, Olivia estaba de pie, pero lo que vi me dejó sin aliento. Tenía sangre en la nariz, en el labio, el ojo lo tenía medio cerrado y se tambaleaba un poco.

—Olivia... —Dije con un hilo de voz, y ella me dio una libreta sonriendo débilmente.

—Esto es para ti. —Tras decir aquello, Olivia se desvaneció hacia adelante y me dio tiempo a sostenerla. La cogí en brazos como pude, aunque era un peso muerto daba gracias a esas clases de softball a las que mi padre me apuntó hasta los 16 años. —Lo siento... —Se disculpó en un susurro mientras la subía en brazos a la habitación. Cuando la tumbé, observé casi a punto de llorar a Olivia.

—¿Quién coño te ha hecho esto? —Ella se encogió de hombros mirándome.

—No sabía que el metro era peligroso a esta hora... —Besé su frente, quedándome abrazada a ella todo lo que podía y más.

—Perdóname. —Le supliqué, negando con la cabeza apoyada en su pecho. —Perdóname Olivia... Te echo de menos... —Comencé a llorar, y sus manos a pesar de ser ella la afectada, me acariciaron el pelo.

—Y yo a ti, estoy sola todo el día. —Alex decía en un tono tan inocente e ingenuo, que iba a romper en llanto y a despertar a todo el mundo en mi casa.

Cogí el botiquín del baño y volví, comenzando a curarle las heridas de la cara una a una. Pasé un algodón por su nariz, para limpiar aquél destrozo que le habían hecho en la cara. Tras eso, se quedó dormida, y cogí la libreta que estaba algo arrugada, abriéndola, comenzando a leer.

"Lo sé, lo sé. No hablo mucho y quizás demasiado poco.... Pero no me gusta que la gente sepa todo de mí. Aunque poca gente se ha interesado por mí alguna vez, sólo tú. No sé por qué al día siguiente de conocernos te preocupaste por saber dónde estabas, ni por darme tu número de teléfono. Tampoco sé por qué no dejas al idiota de tu novio, porque quizás serías más feliz sola que con él. En realidad, estar con cualquier persona sería mejor que estar con él. Eres demasiado buena para el infierno que estás viviendo, ¿sabes? No sé si lo entiendes. Tienes 17 años y él no te puede decir que le perteneces o.... Que nadie más va a quererte. Yo te quiero, y lo hago mucho. Estoy escuchando Could It Be Another Change de The Samples, y me recuerda a ti. Nunca podrás querer a nadie de verdad si antes no te quieres a ti misma, y sí, sé que soy la menos indicada para hablar de eso pero.... Acepto el hecho de que te quiero, y que quizás, sólo quizás, tú a mí también. Me encanta abrazarte, y que me acaricies el pelo porque me relaja mucho, eso es algo que sólo tú sabes. También sabes cuál es mi plato favorito, y que no soporto escuchar a gente pelearse a mi lado porque me pongo enferma. Me has cuidado cuando más lo necesitaba, y yo sólo era esa chica que se sentaba en un rincón de la cafetería. Odio ver que tus ojos son marrones porque sé que estás triste, cuando sonríes tus ojos no lo hacen, y deberían hacerlo. Cuando lloras, lo haces porque verdaderamente estás

triste. Y tu mente es preciosa, podrías ser política o, no sé, a lo mejor podrías ser médico, maestra, algo que inspire a la gente aún más de lo que ya lo haces. Muchas veces cuando te miro, tienes los ojos rojos de llorar y los labios secos, y lo odio. Odio ver tus marcas y saber que no harás nada, porque tienes miedo pero no eres cobarde. Y te echo de menos, echo de menos que estés aquí conmigo y que me digas que soy preciosa, o me enseñes cosas que jamás había visto, escuchado o probado. Me gustaría que abrieses los ojos de una vez y te dieses cuenta de que no puedes seguir autodestruyéndote.... Te quiero, Alex."

Terminé de leer llorando, y mirando a Olivia que dormía a mi lado de forma tan plácida que no se enteraba de nada. Me abracé a ella por la espalda, intentando esconder la cara en el recoveco que dejaba su pelo, y que esperaba escondiese mis lágrimas.

Al despertarme Olivia no estaba en la cama, y en ese momento me alarmé. Me levanté corriendo y vi que en casa no había nadie, así que bajé las escaleras apurada. Olivia estaba sentada en la mesa de la cocina con el desayuno delante.

—Hola. —Sonrió, a pesar de aquellas heridas que le llenaban la cara. —Te hice el desayuno. —Señaló el revuelto de huevo y beicon que había en la mesa.

—Eres... —Suspiré con una sonrisa, pero antes de poder decir nada llamaron a la puerta. Abrí y Hank sin decir nada entró, mirando a Olivia.

—¿Otra vez estás con la rarita? —Dijo él, y Olivia se hundió un poco en la silla.

—No la llames así. —Dije cerrando la puerta.

—¿Qué has dicho?

—Que no me llames así, imbécil. —Se levantó de la silla y caminó hacia él.

—¿Quién coño te crees tú que eres? —Se acercó a Olivia y lo aparté de un manotazo.

—No. —Era la primera vez que le 'pegaba' por decirlo de alguna manera y justo cuando iba a darme un guantazo Olivia lo empujó de nuevo.

—Eres idiota. —Le dijo ella, y Hank le respondió con un empujón que la estampó contra la mesa de la cocina. La rabia me inundó, y armé el puño para reventarle la cara de un puñetazo, sintiendo su nariz crujir bajo mis dedos. Él se llevó la mano a la cara pero me tiré encima de él, comenzando a golpearlo con fuerza, con toda la rabia que llevaba acumulada. Me llevé un golpe en la nariz que hizo que mi sangre goteara sobre la cara de Hank, aunque yo no paraba.

—A ella ni se te ocurra tocarla, porque te juro por Dios que arranco la cabeza a puñetazos. —Me levanté y le propiné una patada en la cara que terminó de quebrarla, y Olivia me levantó del suelo abrazándome por la espalda. Le di una patada en el costado para levantarlo y lo empujé fuera de casa, dándole un puntapié en la entrepierna y cerrando la puerta. Olivia estaba detrás de mí, y la abracé, cogiendo un trapo para que secase la sangre que caía de mi nariz.

—Tu nariz... —Susurró ella, totalmente pegada a mí.

—Estoy bien... —Acaricié la parte de su espalda que había dado con la mesa, y no me quería separar de aquél abrazo. —Debí haber hecho esto hace mucho...

—Me ha destrozado el desayuno. —Olivia no se separaba de mí, y no pude más que reír ante lo inocente que era. —Tu nariz está sangrando...

—Sí, lo sé. —Me encogí de hombros.

Volvimos a la habitación, y Olivia me puso un poco de hielo en la nariz para que no tuviese hinchazón, nos quedamos mirando durante varios segundos largos, de pie en mitad de la estancia.

—Escribes muy bien. —Le comenté, recordando aquella carta que me había escrito y leí la noche anterior.

—Gracias... —El rubor subía a sus mejillas, y cuando pude me quité la bolsa de hielo.

—Eres preciosa. —Puse una mano en su mejilla, y pasé el pulgar por esta, mirando la mirada pueril de Olivia. —Me gustas.

—Ya me lo dijiste... —Cerré los ojos para reírme en bajo, y observé cómo tenía el corte en el labio, y un poco el pómulo morado.

—No... —Negué. —Me gustas... —Me incliné un poco con las manos puestas en sus mejillas y atrapé su labio inferior entre los míos, dándole un beso tierno, suave y dulce. Sin duda, besar a Olivia era infinitamente mejor que besar a cualquier chico. Era suave, olía a dulce, y noté algo de nervios en ella. Cuando me separé de ella, se quedó un instante con los ojos cerrados, hasta que los abrió y me miró. —¿Ha sido tu primer beso? —Olivia asintió lentamente con una sonrisa. —¿Te ha gustado? —Volvió a asentir, y eso me quitó un gran peso de encima. —¿Quieres que vuelva a hacerlo? —Ella volvió a asentir, y presioné nuestros labios una vez más, colando mis manos bajo su pelo, y en ese momento me daba igual. Me daba igual Hank, me daba igual mi familia, me daba igual yo misma incluso. Estaba con la persona que quería y sin duda en ese momento, fui feliz después de mucho tiempo.

—Sabes a fruta... —No pude evitar reírme al escucharla, pero ella se relamía los labios con una sonrisa.

—¿Y te gusta?

—Mucho.

Tras aquél momento, le sugerí ir a la piscina, y le presté uno de mis bikinis. Tuve que atarle la parte de atrás como la última vez, porque no llegaba. Ahí pude ver cómo su espalda tenía un recorrido de aquellas marcas que me erizaban la piel, y no en un buen sentido.

Entramos en la piscina y me quedé observándola, y era bastante tímida en aquél momento, en el que mis ojos se iban por su cuerpo y nos mirábamos en el agua.

—Olivia. —La llamé, y se acercó un poco a mí. —¿Qué son esas marcas de tu espalda? —Pregunté, demasiado directa quizás. Ella se quedó en silencio y apretó los ojos, negando. —Vale... No quieres hablar de ello. —Negó de nuevo y la abracé, sintiendo sus manos engancharse a mi espalda y besé su pelo con cuidado. Tras unos minutos, su voz rompió el silencio.

—¿Ahora tendré que hacerte yo las marcas del cuello? —No pude evitar sonreír antes de reírme, acariciándole el pelo con una mano.

—No, claro que no. —La cogí de la cintura para ayudarla a subirse al borde de la piscina, y me senté a su lado.

—¿Puedo besarte de nuevo? —Preguntó girando la cabeza hacia mí.

—No tienes que preguntar si puedes besarme, sólo lo haces. —Me encogí de hombros, tomando su mano entre las mías.

—¿Y si no quieres? —Pasó las yemas de sus dedos por mis manos y reí negando.

—Siempre querré.

Capítulo 6

Alex, 30 de Agosto de 1997

El verano estaba llegando a su fin, y las golondrinas volvían a aparecer en el cielo del atardecer, cruzándose entre ellas y dejando su característico sonido por las calles. El batido de pistacho permanecía sobre la mesa, junto a un plato de patatas fritas y la tienda vacía casi a punto de cerrar. La morena cogía una patata y la mojaba en batido, comiéndosela luego. Parecía que realmente lo disfrutaba, y no podía evitar reírme porque estaba tan concentrada en lo que hacía que ni siquiera me miraba. Tenía que cuidar de ella, o nunca nadie lo haría y eso me aterraba. Sabía que Olivia era independiente, y que sólo era algo callada e ignorante en algunos temas, pero por lo demás, todo estaba bien.

—¿Te gusta? —Pregunté observando cómo succionaba la pajita entre sus labios, y ella sintió mirándome a los ojos.

—Me gusta. —Mordió la punta de una patata y la observé unos segundos más, provocando una sonrisa tímida en sus labios. Mi cuerpo se inclinó un poco sobre el mostrador y le di un tierno beso en los labios, separándome de ella y llevándome su labio conmigo hasta soltarlo y que volviese a ella.

—¿Te gusta eso también? —Sus mejillas se pusieron encendidas instantáneamente, y asintió un poco.

—Sí, mucho. —Sonreí complacida por aquello, dejándole una caricia en la mejilla. Parecía consumirse en su timidez, totalmente sonrojada por mis acciones.

—Tengo que irme, mañana te veo, ¿vale? —Asintió con una sonrisa y dejé un último beso en su frente, saliendo de la tienda camino a casa.

Justo al lado de la tienda había un callejón que utilizaban los restaurantes para echar basura, y de ahí un brazo me dio un tirón para pegarme contra la pared. Hank, tenía el semblante enfurecido y en ese momento lo único que se me ocurrió fue intentar defenderme y pegarle como la última vez, pero su mano atrapó mi muñeca tan fuerte que creí que me la partiría en dos.

—No digas nada. —Me puso una mano en la boca y me apretó contra la pared. Sólo pude cerrar los ojos e intentar controlar mi respiración, aunque en esos momentos iba totalmente desbocada. Me apretaba la mano en la boca, y mi espalda se hacía daño contra la pared de ladrillo. —Haremos una cosa. Vas a volver conmigo, ¿sabes por qué? Porque si no lo haces, Olivia lo pagará por ti. ¿Y no quieres que nadie le haga daño, verdad? —Comencé a llorar, y le di una patada que simplemente hizo que él me pegase más contra la pared, y mi cabeza comenzaba a hacerse daño contra el muro. —En algún momento, estará sola, y no me quiero ni imaginar cómo sería partirle la cara a esa inútil. Entonces, ¿vas a volver conmigo, a que sí? —Estaba llorando y cerré los ojos, porque aquello me estaba doliendo más emocionalmente que mi cabeza golpeándose contra el muro. Si seguía con Olivia, él le iba a pegar y mucho peor que como lo hacía conmigo. Y si volvía con él, Olivia estaría bien. Pero antes que mi egoísmo, y estar con ella, prefería que Olivia estuviese a salvo, así que asentí lentamente entre lágrimas, que caían por mis mejillas hasta chocar con sus manos. Apartó la palma de mi boca y lo miré llorando, observando como sonreía. Sus manos apretaron mis mejillas y me estamparon contra la pared, acercando su rostro al mío. Su aliento olía a alcohol y sus manos a sudor.

—Si no eres mía, no eres de nadie. ¿¡No lo entiendes!? —Apreté los ojos intentando no hacer ruido mientras lloraba, y mi labio inferior tembló intentando calmarme, pero en aquél momento no podía. No sabía si por el miedo de volver a pasar por lo mismo, o por perder a Olivia.

Olivia, 3 de septiembre 1997

Había escuchado muchas veces que nada dolía más que un corazón roto, quizás lo había leído. Yo siempre decía que el dolor más fuerte que podía soportar una persona es un dolor de muelas, aunque nunca había tenido un hijo, eso debía de doler. Pero ahora mismo, no me gustaba nada esto que estaba sintiendo. Tenía mi cuaderno entre las piernas, sentada en el pequeño embarcadero que había frente a casa. Mi caja de naranjas vacía estaba al lado, y era muy bonita. De lata, con dibujos de naranjas alrededor. Ahí guardaba aquellos discos que Alex me regalaba, y los libros desgastados que podía quedarme de la tienda, aunque por lo pronto sólo tenía dos, el que me regaló Alex y el que me dejaron a mí.
También, *Louder Than The Boms,* pero en aquél momento sólo quedaba la carátula porque el disco se estaba reproduciendo en el discman, y los cascos que tenía puesto tampoco estaban en la caja. Tarareaba la canción sin abrir la boca, y mis dedos tenían el lápiz en la mano, deslizándolo por la hoja del cuaderno, plasmando mis pensamientos en aquél momento. Me gustaba no pensar, aunque en aquél momento mi cabeza estuviese a punto de estallarme por el dolor que me producía escribir sobre Alex.

—No me gusta esto... —Susurré casi para mí misma, sin dejar de escribir y apreté un poco más el lápiz en el papel. —No... No me gusta. —Dejé el cuaderno en la caja y froté mis sienes con los dedos. Quería que parase, pero el dolor no paraba, quería que me arrancasen el pecho para ver si así el dolor se mitigaba, pero no lo hacía.

Me levanté y escondí la caja en el hueco del árbol junto al embarcadero, tapándolo con el trozo de madera que faltaba, y volví dentro de casa. Entré en la cocina y la cena ya estaba lista.

—Olivia, ven un momento.

*

Me senté en el césped aquella mañana y miré al frente. El sol casi no había salido aún, pero el olor a hierba fresca era una de mis cosas favoritas del mundo. Me gustaba, sobre todo si iba a visitar a mi hermana.

—Siento no venir mucho... —Recosté mi espalda sobre su lápida y bajé la cabeza, puede que lo de Alex me doliese pero, no había nada, nada comparado con aquello. —Te echo de menos, Sofi. —Apreté los ojos e intenté no llorar, porque aquello no lo merecía. No podía llorar por aquello. —Y echo de menos cuando me despertabas por las mañanas y me abrazabas tan fuerte. —Mis dedos se apretaron en el puente de mi nariz, y negué. —Te quiero mucho... No puedo más sin ti, y estoy empezando a cansarme de todo. —Tragué la bola pesada que tenía en la garganta, agarrotada e intentando no llorar. Me refería a la vida, a que todo fuese una mierda y que todo me hundiese de esa manera, en la que no veía ninguna manera de salir del fango en el que me había metido.

Tenía que irme a trabajar, así que me colgué la mochila a cuestas de nuevo y salí del cementerio. Siempre estaba tranquilo por las mañanas, y siempre transmitía paz. La gente que estaba allí, por mucho que me doliese, estaba descansando.

Después de aquél incidente en el metro, siempre que lo cogía me quedaba cerca de la cabina del conductor, aunque en ese instante sólo había señoras mayores y madres llevando a sus hijos a la guardería, pero prefería estar segura.

Al llegar a la tienda, el encargado estaba en el mostrador y me vio. Puso un vaso de cartón encima de la mesa y lo señaló.

—¿Has desayunado? —Negué algo tímida. No solía hablar con él, simplemente hacía mi trabajo. —Tómatelo, por favor. —Me pidió él. Sonreí acercándome al mostrador y cogí el café caliente entre mis manos, a aquella hora de la mañana en Miami el aire comenzaba a refrescar bastante y aquello, se agradecía.

—Gracias.

Alex, 5 de septiembre de 1997

A penas podía estar a solas. A penas podía respirar sin que me doliese, literalmente. Creía que tenía una fisura en las costillas, pero tampoco podía ir al médico, así que me puse una de aquellas fajas de mi madre para entrar en los vestidos de sus fiestas, y así me mantendría totalmente recta.

En la parada de autobús, Olivia estaba sentada mirando el cuaderno entre sus manos, y me acerqué por detrás. Una madre ponía la mano en la espalda a su hija para que se alejase de Olivia.

—No te acerques. —Le susurró a la niña, y Olivia miró a la pequeña sin decir nada, pero con los ojos más tristes que había visto nunca. Me senté a su lado, tomando su mano entre las mías. Tenía un moratón en el cuello que se veía a través del pelo que intentaba taparlo. Ella ni siquiera me miraba.

—Me haces daño. —Me susurró. —Y no me gusta. —Sentí que los ojos se me llenaban de lágrimas, pero no podía hacer nada más.

—Perdóname. —Puse una mano en su mejilla y la pegué a mí, apretando los dedos en su pelo, como si fuese a escaparse entre mis dedos. Su mejilla se apoyó contra la mía, y sabía que Olivia podía sentirme llorando, al igual que sabía que si le decía lo que estaba pasando me diría que le daba igual, y además intentaría enfrentarse a él.

—No te entiendo... —Negó, y eso me hizo llorar aún más. No era suficiente con lo que yo estaba pasando con Hank, que también se sumaba Olivia. Ella se levantó y caminó fuera de la parada de autobús frotándose la frente con la mano, y fui tras ella. —Un día me dices que me quieres, luego te alejas de mí dos semanas, un día me besas, y al otro me dices que no puedes estar conmigo. —Ella se giró, y tenía los ojos llenos de lágrimas, que intentaba retener de todas formas pero no podía, y una de estas lágrimas caía por su mejilla hasta dar con sus labios, que se apretaban, y mi corazón no me dejaba respirar un momento, porque llevaba llorando desde que Hank apareció. —No entiendo de estas cosas, Alex. No sé cómo besar, no sé sobre sexo, pero sé sobre lo que siento. Y lo que siento es que me estás matando cada día. Eres como un dedo que constantemente está hundiéndose en una herida abierta. —Las palabras de Olivia me estaban destrozando, pero llevaba razón. Puse las manos en mi cara, intentando controlarme pero no podía, porque tampoco podía soportar ver a Olivia llorando. 'Sólo lloro por cosas importantes' me dijo. ¿Cómo debía sentirse? —Tengo suficiente sufrimiento en mi vida como para que unos estúpidos sentimientos me hagan sentir así. —Los ojos de Olivia estaban sufriendo al decir aquello, me acerqué a ella pero puso la mano en mi pecho para retirarme de ella. —Seré tu amiga si... Si es lo que quieres. Pero no me hagas sentir confusa. —Se limpió las lágrimas y me miró por última vez, subiéndose al autobús que acababa de llegar a la parada.

*

Hank estaba tirado a mi lado en la cama, mientras yo miraba hacia la pared. Cerré los ojos y comencé a llorar en silencio. Apreté las manos en la almohada, porque en lo único que podía pensar era en Olivia, y en que estaba haciendo esto por mantenerla a salvo, porque no sufriera eso que estaba sufriendo yo. Porque el imbécil que tenía durmiendo a mi lado la dejara tranquila, y si tenía que pegarle a alguien, que me pegase a mí.

Me levanté de la cama con lentitud, intentando no quebrarme en el intento. Realmente tenía miedo de que las costillas se llegasen a romper, o de que alguna astilla se hincase en un órgano, pero no podía hacer nada más. Me puse el vestido y los zapatos, bajando las escaleras lentamente para no despertarle, y salí de su casa.

Al llegar a la mía, mi madre se acercó a mí frunciendo el ceño.

—¿Qué te ha pasado? —Señaló el moratón que tenía en el pómulo y al tocármelo me aparté rápido.

—Me acerqué a ver el entrenamiento de softball y me dieron un pelotazo. —Respondí simplemente.

—Ven, voy a arreglarte eso. —Me senté en la silla con mucho cuidado, evitando soltar un quejido de dolor, aunque mis ojos lo decían todo. Cogió un poco de crema y pasó sus dedos por encima del moratón, y ladeó la cabeza. —¿Sabes? Cuando eras más pequeña solías tener los ojos más verdes. —Solté una suave y triste risa, cerrando los ojos sin decir nada más. Seguían siendo de ese verde. —Y solías ir más a la playa. —Mi madre me estaba matando poco a poco, sólo Olivia y Charlie sabían perfectamente por qué no iba a la playa; no tenía tanto maquillaje para taparme el cuerpo entero y se iría con el agua.

Cuando mi madre terminó de ponerme la crema, me levanté y me abracé a ella. Sus manos acariciaron mi espalda, y a pesar de que me dolía ese simple abrazo, no la solté y comencé a llorar aún más si cabía que antes.

—Lo siento. —Susurré entre lágrimas contra su mejilla, sollozando más pesadamente, con las lágrimas colándose entre mis labios. —Lo siento.

Capítulo 7

Alex, 9 de septiembre de 1997

La felicidad dura lo que dura un suspiro, lo que tardas en darte cuenta de que lo que está pasando es real, y que eres feliz, hasta que todo se apaga.

Tras el cristal de la puerta, podía ver su silueta. Siempre escribía, y según me había dicho aquellos días en los que aún éramos felices, es que no podía acallar sus pensamientos, debía plasmarlos para que no se le olvidasen, y que algún día los volvería a leer y le parecería extraño, o quizás aún se vería reflejada en esa chica del pasado.

Abrí la puerta y Olivia me miró casi de forma automática, y se puso recta en la silla y le sonreí un poco.

—Hola. —Me dijo ella, y el simple hecho de volver a escuchar su voz me removía el estómago. "Lo haces porque la quieres", me decía a mí misma. "Lo que estás haciendo es valiente", pero Olivia no lo sabía.

—Hey Olivia. —Ella me saludó con la mano algo tímida.

—¿Puedo ayudarte en algo? —Negué, y me di la vuelta en busca de la sección de libros. Busqué y busqué por el montón hasta que di con el que buscaba. Lo puse en el mostrador sacando la cartera, y me pasé la lengua por el labio. —¿Quieres descuento?

—Como desees. —Le respondí.

—Son tres dólares. —En realidad eran cinco, pero me comprometí a aceptar el descuento. Los pagué y Olivia lo metió en una bolsa, dándomelo en la mano. Cuando iba a meterlo en la mochila, lo saqué de nuevo frunciendo el ceño.

—Vaya, lo había olvidado... —Me pasé una mano por la frente. —He leído este libro como unas mil veces. —Alex saqué de la bolsa y se lo di a ella, dejando la bolsa a un lado.

—*La Princesa Prometida.* —Asentí y me quedé mirando el libro, mordiéndome el labio inferior.

—¿Tienes algo de almorzar? —Olivia negó, y las marcas moradas que recorrían su cuello se hacían visibles al movimiento de su pelo. Me moría por preguntarle de qué eran, pero ella simplemente huiría de mí. —No tengo hambre.

—Sé que no es pollo paprika, pero... —Dejé una pequeña fiambrera con un sándwich de pollo y mayonesa. —Está bueno.

—Tengo dinero para ir a comprar comida... —Me dijo y negué, sacudiendo la cabeza.

—No es eso. No puedes dejar la tienda sola, y no quiero que comas fuera todos los días. —Apreté los labios y ella suspiró resignada, y asintió, provocando una débil sonrisa en mí. —Léelo, te gustará.

Salí de la tienda y respiré hondo, intentando que no me doliese dejarla allí, sin más, sin quedarme a su lado y contarle mi día o, simplemente darle un beso en la mejilla.

Cuando llegué a casa, sí que me asusté. Mi familia al completo, incluso mi padre, estaba con Hank. Lo habían invitado a comer y el pánico se apoderó de mí. Él me rodeó con los brazos, abrazándome fuerte, y pude sentir cada hueso resentido de mi cuerpo crujir. Siempre era perfecto delante de mis padres, siempre era agradable, tranquilo, el novio modélico que cualquier madre querría para su hija.

—Te estábamos esperando, ¿dónde estabas? —Preguntó mi madre, mientras Hank se separaba de mí. Sonreí débilmente y me senté en la silla al lado de mi hermano, que me miraba.

—Fui a la playa, quería despejarme un poco. —Cogí el tenedor y miré a Chris, sonriéndole levemente.

—¿Quieres un poco de puré? —Me preguntó Hank con el bol en la mano, y negué. No tenía hambre, tenía miedo.

Removí un poco el plato en silencio, mientras los demás comían, yo intentaba no llorar y mantenerme fuerte delante de todo el mundo.

—¿Qué es eso de tu brazo? —Preguntó Taylor, y miré el moratón que sobresalía bajo mi camiseta, pero que subía hasta mi hombro y nadie había visto aquél enorme moratón. Hank se recostó en la silla y me dio con el pie en la pierna.

—He vuelto a hacer softball y es bastante más duro. —Mentí, y mi padre abrió los ojos.

—¿De verdad? —Asentí y él se llevó las manos a la cabeza. —¿Me guardarás una entrada para tu primer partido? —Cerré los ojos y asentí con una sonrisa, bastante dolorosa.

—Claro, papá.

Seguimos comiendo, pero yo no tenía fuerzas para comer, ni estómago para tragar aquello. Mi garganta estaba cerrada, y ni siquiera podía beber un buche de agua.

—¿Por qué no comes? —Me estaban avasallando a preguntas y no me estaba gustando, sintiendo a Hank pisarme el pie tan fuerte que creí quejarme y estar a punto de gritar.

—No tengo hambre. Creo que me iré arriba. —Me levanté de la mesa y Hank lo hizo también.

—Yo te acompaño, a ver si te encuentras mejor. —Hank puso una mano en mis costillas, apretándolas y cerré los ojos intentando no llorar de dolor allí mismo. Subimos las escaleras y entramos en mi habitación. Él me sentó en la cama, desabrochándose en mi cara el cinturón del pantalón, y me aparté un poco, pero al bajarse los pantalones me cogió la cabeza y la pegó contra sus bóxers. De un empujón, lo aparté de mí, y pude ver la rabia en su rostro una vez más. Su puño impactó cabeza, justo en la sien, y un pinchazo recorrió la parte de atrás de esta que me hizo desmayarme.

Cuando recuperé la consciencia, no había nadie en mi habitación y estaba semidesnuda. Me tapé con la sábana a duras penas y comencé a llorar, aunque en ese momento, Taylor abrió la puerta.

—Hola... —Entró y cerró la puerta. —¿Cómo estás? Hank dijo que te habías dormido. ¿Estás llorando?

—Sí, es que... Lo quiero mucho, ya sabes, y me cuida. —Mi corazón se estremeció al decir eso porque era más dolorosa la mentira que la realidad.

—Vamos.... Llevas durmiendo cuatro horas, tienes que ir a cenar con Hank. Dijo que te llevaría. —Me incorporé un poco con un quejido, y noté que mis lágrimas volvían a salir de mis ojos, pero las controlé.

Tras ducharme, salí ya vestida y mi hermano estaba abajo esperándome con las llaves del coche.

—Me pilla de camino, así que te llevo yo, vamos. —Dijo señalando la puerta.

Entramos en el coche y el silencio reinaba, mientras yo miraba por la ventanilla. Si hablaba probablemente empezaría a llorar, y no era un plato de buen gusto.

—Últimamente estás muy callada. —Me dijo, y asentí levemente jugando con mis manos en la falda del vestido. —¿Te ocurre algo?

—Estoy con la regla. —Respondí intentando que así me dejase tranquila, y así fue. Los hombres nunca preguntaban sobre cosas como esas, así que se quedaban en silencio.

Chris paró el coche en la acera de su casa, a unos veinte metros de llegar a casa de Hank.

—Estás preciosa. —Me dijo sonriendo, y se inclinó para besarme la mejilla.

—Gracias, Chris. —Salí del coche con cuidado y caminé por la acera, fijando mi vista en el suelo e intenté mantenerme fuerte.

Llamé a la puerta y Hank abrió con una camiseta manchada de tomate o lo que fuese y despeinado, bajó su mirada por mi vestido y aparté la mirada de él.

—Pareces una puta. —Apreté los ojos y me separé.

—¿Quieres dejar de insultarme? —Le dije alzando un poco la voz de ese tono triste y apagado que siempre tenía.

—No te insulto, te digo lo que eres. ¿Una chica se dejaría follar estando dormida? —Me quedé en silencio comenzando a llorar, apretando los labios y noté el sabor salado de estas colarse en mi boca. —¡CONTESTA! —Me dio un empujón que casi hace que me caiga al suelo pero me mantuve en pie, y Hank me dio un puñetazo en el ojo que sentí que me quebraba de nuevo. Me incliné para taparme el ojo, pero me dio una patada en el costado que terminó de quebrar mis costillas dejándome tirada en el suelo. Abrí los ojos para ver cómo se avecinaban los golpes, pero lo único que vi fue a Chris dándole un puñetazo a Hank que lo tumbó en el suelo, y comenzó a reventarlo a puñetazos. Más fuertes que los míos, con más rabia aún. Pude ver su mano llena de sangre.

—COMO TE VUELVAS A ACERCAR A MI HERMANA TE JURO QUE TE MATO. —La voz de Chris sonaba desgarrada, se levantó y comenzó a darle patadas en el estómago, las costillas, tan fuertes que me dolían hasta a mí. Dio un cabezazo en su nariz, partiéndola y haciendo que ríos de sangre saliesen de sus orificios. Dejó a Hank en el suelo inconsciente y se acercó a mí, poniendo las manos en mis mejillas. —Lo sabía, lo sabía. —Me abrazó como pudo y él comenzó a llorar. Juro que jamás había visto a mi hermano así. Él no se enfadaba, él nunca pegaba. Pero lo más raro es que jamás lo había visto llorar. Ni siquiera cuando era pequeño, se caía pero él no soltaba una lágrima. Podía sentir por una vez en mi vida, que estaba a salvo, y que debería habérselo contado a alguien antes de que todo esto fuese a peor. Sus labios besaron mi frente y cerré los ojos por el dolor que sentía cuando me cogió en brazos, metiéndome con él en el coche, antes de que acabase así.

*

Chris estaba sentado a mi lado en la cama del hospital, con la mirada perdida en mis manos. Me habían vendado las costillas y las fracturas que probablemente tenía por los brazos estaban curadas.

—¿Por qué? —Tragué saliva ante sus palabras. —¿Por qué no me lo dijiste, Alex?

—No podía... —Apreté los ojos y los labios, porque me dolía al hablar.

—No lo entiendes. Te podría haber matado, joder.

—Esto no lo puede saber nadie... Sólo tú. —Mis dedos apretaban las sábanas con los ojos cerrados, y Chris negó.

—Tenemos que denunciar. Y si lo meten en la cárcel van a empezar a hacer preguntas sobre qué ha hecho. —Sollocé un poco, no quería que nadie supiese aquello. No quería dar pena a nadie. —¿Por qué dejabas que te hiciese todo eso?

—Olivia. —Abrí los ojos para mirarlo, y decidí contárselo porque no podía más, estaba a punto de explotar con todo aquello.

—¿Qué pasa con Olivia? —Tragué saliva antes de contarlo, con las lágrimas cayendo por mis mejillas.

—La quiero, Chris. No espero que lo entiendas. —Mi voz sonaba ronca, y mi sonrisa era triste. —Me hace sentir genial, ¿sabes? Ella... Ella es alguien que no tiene ninguna maldad, y que simplemente adora esos pequeños detalles que nadie ve. Y la quiero besar y... —Apreté los ojos para no mirar a mi hermano, ya que no podía descifrar su cara. —Y quiero estar con ella, y abrazarla. Decirle que la quiero y que todo estará bien. Quiero tener con Olivia lo que fingía estar teniendo con Hank. No se lo digas a nadie, por favor... —Abrí los ojos y los sollozos e hipidos me hacían sufrir más dolor aún en las costillas.

—Aun así, no sé qué tiene que ver en esto. —Su rostro permanecía serio.

—Hank me dijo que si no seguía con él y hacía lo que él quería, le daría una paliza a Olivia.

No le dio tiempo a responder cuando la enfermera entró por la puerta señalando mis costillas.

—¿Te duele mucho? —Asentí.

No tengo ni idea de qué hizo con mi gotero, pero en aquél momento, me quedé dormida.

Al despertar, todo estaba borroso, y no podía distinguir nada con claridad. Cuando todo se hizo menos turbio, la figura de Olivia apareció. Estaba sentada en el sillón que había a mi lado, y leía el libro que le había regalado aquél mismo día. Tenía el pelo a un lado del cuello, todo despuntado y con algunas ondulaciones.

—Eres preciosa. —Olivia levantó la cabeza automáticamente, y su sonrisa le dio el brillo a su rostro que tanto había echado de menos. Se levantó del asiento y se sentó a mi lado, pasando los dedos por la venda del brazo.

—¿Es verdad? —La voz de Olivia se quebraba, y no podía soportarlo.

—¿El qué? —Atrapé su mano con la mía, aunque me dolió un poco.

—Lo que me ha contado Chris... —Asentí lentamente. —¿Dejaste que te pegase para que no me lo hiciese a mí? —Asentí cerrando los ojos, y sus dedos acariciaron los míos con delicadeza. —Deberías habérmelo dicho...

—Si te lo hubiese dicho, habrías querido pegarte con él y él te habría matado igualmente... —Ella se quedó en silencio, y me abrazó poniendo las manos en mi cuello. Aunque no podía responderle, acaricié su muslo.

—¿Así de mucho me quieres? —Susurró en mi oído, y asentí.

—Así de mucho te quiero.

Capítulo 8

Alex, 15 de septiembre de 1997

Le gustaban los plátanos y siempre llevaba un lacito al final de su trenza. Le gustaba quedarse en silencio, escuchándote mientras tú hablabas. Le gustaba que le acariciaran el pelo en el momento que fuese. Le gustaba también escuchar música nueva, y adoraba leer por encima de todo. Sonreía y se acababa el mundo, porque nada más importaba. La miraba y sentía que si volviésemos atrás, pasaría por lo mismo que había sufrido con Hank sólo porque ni siquiera la mirase. Valía la pena por no verla sufrir, por no verla como yo estaba, porque tuviese una vida mejor. Y ella era tranquila, serena, tímida, introvertida pero a la vez se abría a ti en cuanto le dabas algo de cariño. Sus ojos no eran verdes como los míos, ni azules, ni de un color curioso. Eran comunes, ojos negros, pero la forma casi afilada que estos tenían, la manera en que lo formaban sus pestañas, hacían de sus ojos algo increíble, que te hacían sentir cosas sin siquiera decir nada.

—Me gustaría que dejases de mirarme tan fijamente... —Susurró Olivia, y salí del trance en el que había entrado al mirarla.

—¿Por qué? —Pregunté pasando la yema de los dedos por la palma de su mano, acariciándola de forma tan lenta y pausada que podía fundirme en ella.

—Intimidas. —Me dijo encogiéndose de hombros.

Estaba tumbada en la cama, como desde hacía una semana. Olivia venía a verme todos los días, pero aún más cuando no había nadie en casa. Tenía el pelo recogido en una trenza a un lado, camiseta de tirantes blanca y unos pantalones cortos de tela vaquera. Las converse negras estaban gastadas, y la punta tenía algo de suciedad, lo normal.

—¿Quieres que te traiga algo de comer? —Preguntó bajando la mirada a nuestras manos, que yo no paraba de acariciar.

—¿Te has leído el libro que te regalé? —Hice la pregunta, pasando mi lengua por el labio inferior.

—No... Tenía que terminarme uno y, entre el trabajo y el instituto... Lo siento. —Cerró los ojos y los apretó, como si hubiese hecho algo malo.

—Eh, no importa. Léelo cuando puedas. —Puse una mano en su brazo para tranquilizarla.

—Vale... ¿Quieres que te traiga algo de comer? —Repitió, y me encogí de hombros con una sonrisa.

—Como desees.

Olivia decidió bajar a la cocina, y yo me quedé recostada en la cama. Me dolían bastante las costillas, y mi mano derecha estaba vendada. El moratón del ojo iba menguando, pero había adquirido un color verdoso mezclado con el morado de este, mala combinación. Les habíamos dicho a mis padres que cogí la moto de una amiga y tuve un pequeño accidente, nada grave, y que como la moto era de mi amiga cubría su seguro. Por suerte, coló.

Olivia subió las escaleras con la bandeja en la mano, y la puso en la mesita de noche que había al lado de la cama. Traía un plato de pasta con un tipo de salsa que no conocía muy bien, pero que tenía bastante buena pinta.

—No hacía falta que hicieses todo eso. —Le dije observando cómo se inclinaba para coger el plato y me lo daba a mí junto con el tenedor.

—Necesitas comer... —Sonrió un poco, nunca sonreía de forma completa, sonreía con muchísima timidez. Observé su cuello, sus marcas, cómo, tras aquella camiseta, estas intentaban esconderse pero se transparentaban.

—Olivia... Tienes que decirme de qué son esas marcas. —Ella no levantó la cabeza de sus manos y se levantó de la Cama. —Olivia, Olivia. —La llamé tomando su brazo, aunque me dolió bastante al estirarme. —Por lo menos... Déjame verlas. No puedo quedarme aquí sentada, viendo cómo cada día traes golpes nuevos.

Me incorporé un poco en la cama y pasé un brazo por su cintura, escuchando los intentos de Olivia por no llorar. Apoyé la barbilla en su hombro y besé tras su oreja, apretando los ojos.

—¿Algún día me lo contarás? —Pregunté en su oído, y ella asintió.

—Algún día. —Su voz era casi inaudible, y apreté un poco mi mano en su cintura.

—Mírame. —Susurré contra su oreja, y ella giró la cara hacia mí con lentitud.

Estaba llorando, y sus labios retenían las lágrimas que se deslizaban, dolorosas, por sus mejillas. Besé aquellas lágrimas que descendían desde sus ojos, como si así fuese a pararlas. Besé sus mejillas lentamente, bajando por su piel hasta llegar a sus labios. Mi mano se posó en su mejilla retirando los restos del llanto, y uní nuestros labios en un beso tierno, dulce, y con significado. Sus labios acariciaron los míos, y nos besamos, no mucho tiempo, lo justo para que ella entendiese que la quería. Nos separamos, pero ni siquiera dejamos de rozar nuestros labios. Podía sentir su aliento chocar en mi boca, y las ganas de volver a besarla eran increíbles.

—¿Alguna vez te han dicho lo bonito que son tus ojos? ¿O lo suaves que son tus labios? —Sus mejillas tomaron un color rojo instantáneamente, y Olivia negó con su frente pegada a la mía. —Mejor, porque así sólo te lo diré yo.

—¿Ahora eres mi novia? —Preguntó mirando mis labios, y luego mis ojos, mientras su lengua se paseaba por su labio inferior para dejarlo brillante. —No sé cómo se hace esto...

—¿Quieres ser mi novia? —Dije dejando que Olivia se apoyase en la almohada a mi lado, quedando ambas sentadas y giró la cabeza hacia mí.

—¿Me lo preguntas como una proposición o sólo para saberlo? —Musitó Olivia, que jugaba con los dedos de mi mano izquierda.

—Para saberlo. —Olivia apretó los labios y asintió un poco. —Antes de salir, hay que tener citas, ¿sabes? —Sonreí y ella asintió, sin dejar de acariciar mis dedos. —¿Quieres tener una cita conmigo? —Metí un mechón de pelo tras su oreja con cuidado, y Olivia levantó la cabeza para mirarme.

—Sí, mucho. —Dijo ella y giró la mirada hacia mí con una pequeña sonrisa.

—¿Mucho? —Asintió y apoyó la cabeza en mi hombro.

—¿Quieres venir hoy a ver una peli? —Olivia asintió sonriendo un poco más.

—Sí.

*

—Chris, ¿Scream 1 y 2? ¿Quieres matarla del miedo? —Dije cogiendo las películas que había alquilado, y él se encogió de hombros.

—No sé, cuando quiero liarme con Karen sólo alquilo estas películas, ella se pega a mí y nos acabamos liando. —Cerré los ojos soltando un suspiro no muy fuerte. —No te quieres liar con ella, ¿verdad?

—No, Chris. —Negué riendo, pero sostuve las películas en la mano. —Pero da igual, le gustarán.

—¿De verdad? No quiero que se asuste. —Negué y dejé las películas en la mesa, girándome de nuevo hacia él.

—Créeme, no se va a asustar. —Chris me miró, y resoplé mirándolo. —¿Qué?

—No sé. Te quiero, y quiero que seas feliz. Ahora me miras a los ojos, no al suelo. No sé, todo te ha cambiado. De hecho, has comido más en esta semana que en los últimos seis meses. —Sonreí, agachando la cabeza por las palabras de mi hermano.

—Ven aquí. —Lo abracé con poca fuerza porque si no, me partiría en dos casi literalmente. La mano de Chris acarició mi espalda.

—Te quiero, enana. —Besó mi mejilla e instantáneamente se hizo una sonrisa en mi rostro.

—No me llames enana, soy tu hermana mayor. —Dije dándole un empujón.

—¿Y qué? Eres más bajita. —Fruncí el ceño y escuché de sonar el timbre. —Vale, creo que iré yéndome.

—Sí. —Él se apresuró a la puerta antes que yo y abrió. Olivia llevaba un vestido color salmón con las manos cogidas delante de ella.

—Wow. —Dijo Chris nada más verla, y en ese momento desearía empujarlo.

—Hola Chris. —Saludó tímida con la mano, y yo parpadeaba un poco. —¿También tienes una cita conmigo?

—Pues si te digo la verdad no me importaría... —Aparté a Chris empujándolo hacia la puerta, negando.

—Eres idiota. Hasta mañana. —Cerré la puerta tras mi espalda y observé a Olivia. No era difícil enamorarse de ella, esa fue la conclusión a la que llegué.

—Estás muy guapa. —Me dijo, aunque sólo llevaba una falda de cuadros y una camiseta de manga corta blanca.

—Tú estás... —Me quedé en silencio mirando el vestido, y ella movía los dedos con nerviosismo.

—Puedo ir a cambiarme, si quieres...

—¡No! Es decir... Estás increíble. —Sus mejillas volvieron a ser rojizas, y puse mis manos sobre sus caderas para besar su frente. —Ven, espero que te guste esto.

Olivia siempre se había quedado fascinada con la piscina. Le encantaba el ruido del agua, la relajaba y según me decía, se imaginaba que estaba en una playa de Cuba, así que decidí tomar nota de aquello. Al lado de la piscina puse una mesa, sin velas, ni rosas de esas. Simplemente, una mesa con dos platos de pollo paprika. Era de noche por lo que las luces de la piscina resaltaban el color turquesa del agua, y el sonido de esta lo inundaba todo.

Olivia comenzó a llorar y negué, tomando su rostro entre mis manos para quitarle las lágrimas.

—Shh, no. Tienes un maquillaje precioso y no quiero que se estropee. —Olivia sonrió algo tímida y asintió, dejando que mis dedos limpiasen aquellas lágrimas que habían brotado de sus ojos.

Nos sentamos a la mesa y Olivia miró el plato.

—Deberías dejar de hacer estas cosas. —Su voz era baja, incluso conmigo Olivia era la persona más tímida del mundo. —Luego no sé cómo devolverte el gesto.

—No lo hago para que me des algo a cambio. Alex hago porque quiero verte feliz. —Removí un poco el pollo en el plato y la vi sonreír.

—Pero... No tienes que hacer esto para verme feliz. Soy feliz cuando estás. Soy feliz porque estás bien, y ahora sonríes. Así. —Me señaló los labios que se habían transformado en una sonrisa, y agaché la cabeza. Me hacía sonrojarme, maldita Olivia. —Me hizo feliz saber que me querías tanto, también triste porque sufriste mucho... —Agachó la cabeza y yo seguía comiendo.

—Lo haría otra vez, y las veces que hiciesen falta para que no te ocurriese nada, ¿me oyes? —Cogí una de sus manos por encima de la mesa, acariciando sus dedos con suavidad.

Seguimos cenando, y no pude evitar sonreír cada vez que Olivia comía y me decía lo bueno que estaba, o simplemente, mirarla mientras comía era algo de lo más adorable del mundo.

Al terminar, llevé a Olivia a dentro y reí cogiendo las películas que me había traído Chris.

—Mandé a mi hermano a por películas pero... Trajo esto. —Dije alzando las dos, y ella las miró. —Son de miedo.

—No importa. —Dijo encogiéndose de hombros, y miré el vídeo debajo de la tele.

—¿Te importaría poner la cinta? No puedo agacharme tanto. —Le pedí. Casi parecía ofendida porque lo preguntase, aunque al final sonrió. Me senté en el sofá cogiendo un bol de helado de fresa, y Olivia volvió para sentarse conmigo.

La película empezó, y cogí la mano de Olivia entre las mías, acariciándola de forma suave. Normalmente, el chico era el que ponía el brazo alrededor de mí cuando estábamos sentados pero.... Olivia era más bajita que yo, y necesitaba abrazarla de una vez aquella noche. Pasé el brazo lentamente por encima del sofá. Ella me miró frunciendo un poco el ceño.

—¿Qué haces? —La casa estaba a oscuras, y hablábamos en pequeños susurros. Olivia se mordió el labio y yo apreté los labios, ahora entendía a los chicos.

—Quería... Mmh... —Carraspeé mirándola, poniendo el brazo alrededor de sus hombros para pegarla un poco a mí.

—¿Qué es? —Preguntó señalando el helado de fresa, y fruncí un poco el ceño ante su pregunta.

—Helado de fresa. —Cogí una cucharada y me la llevé a la boca.

—¿Está bueno? —A veces, Olivia me dejaba demasiado confusa con sus preguntas.

—Claro, claro que está bueno... ¿Es que nunca lo has probado? —Negó mirándome. Era increíble que no hubiese probado cosas como la pizza o el helado de fresa. Cogí un poco de helado con la cuchara y lo acerqué a su boca, esperando a que Olivia lo probase. Atrapó la cuchara con los labios y agachó la cabeza saboreándolo, y era, sinceramente, la chica más adorable del mundo. —¿Qué te parece?

—Está muy muy bueno. —Dijo sonriendo, e hice que cogiese la otra cucharilla para que probase el helado.

Y Olivia siguió comiendo, aunque yo paré un poco para dejar que ella lo probase. No me importaba la película, pero ella cerraba los ojos de vez en cuando, tapándoselos con una mano. No podía evitar reírme, y ella simplemente se tapaba la cara porque creía que estaba haciendo el ridículo, pero en absoluto.

—No te tapes la cara. —Le dije apartando sus manos hasta dejar ver de nuevo su rostro, que me miraba desde abajo.

—¿Por qué no? —Su voz era tímida, y podía ver su rostro por la luz que nos daba la tele, que permanecía encendida.

—Porque no puedo verte. —Ella sonrió, y al agachar la cabeza parte de su pelo tapó su cara.

Mis dedos pusieron suavemente un mechón tras su oreja, quedando mi mano allí, dándole una suave caricia en la mejilla. Eché mi cuerpo un poco hacia adelante, inclinándome para darle un beso suave en los labios, pero cuando nuestros labios chocaban, Olivia se iba un poco hacia atrás.

—¿Ocurre algo? —Pregunté, separándome para mirarla con el ceño fruncido.

—¿Qué ocurre?

—Cada vez que voy a besarte te echas hacia atrás. ¿Ocurre algo? —Ella negó jugando con mis dedos suavemente.

—Es que... Ya nos hemos besado pero, yo no sé cómo lo hago y... Me da miedo que no te guste porque no sé cómo lo estoy haciendo y es un lío. —Ella se frotó la frente y solté una pequeña risa.

—¿Quieres besarme tú?

—Sí... Pero no sé cómo empezar. —Arrugó la nariz y me encogí de hombros, sentándome en el sofá de una forma mejor.

—Vamos, Olivia. —Ella se acercó a mí, y sus labios rozaron los míos de la forma más inocente, simplemente, me dio un beso. Reí un poco y ella escondió la cara en mi cuello. —Ven, vamos... Tenemos toda la noche para practicar esto. —Olvídate de que no sabes dar un beso, olvida eso. Sólo bésame. —Al terminar la frase Olivia me besó, y no fue como la primera vez. Pude sentir sus nervios en la forma en que sus labios atrapaban los míos, y yo los respondía, tirando de su labio superior suavemente, buscando un resquicio más de su boca que me tenía mal. Al separarnos, mi mano estaba bajo su pelo, y ella me miraba algo indecisa. —Besas bien. —Le dije sonriendo, y ella se sonrojó agachando la cabeza.

Y así, seguimos besándonos un buen rato. Una hora más o menos, calculé, porque la película iba por el principio y cuando Olivia y yo terminamos de besarnos era ya el final. A veces, mis manos se escapaban por debajo de su vestido pero rápidamente las sacaba para volverlas a dejar en su cintura. No me podía imaginar nada mejor que aquello, aunque bueno, sí que podía, y era besar a Olivia con lengua, porque me estaba desesperando.

—Hey, preferiría que te quedases conmigo hoy, es tarde. —Le dije poniendo las manos en sus brazos. Estábamos en mitad del salón, y Olivia me miraba totalmente enrojecida, asintiendo.

Dejé que se cambiase poniéndose una camiseta mía, y no podía dejar de mirar a Olivia.

—¿Quieres que te ayude a tumbarte? —Preguntó, y asentí porque en realidad no podía tumbarme sin morirme de dolor. Me echó para atrás lentamente, y apreté los dientes, hasta tumbarme a un lado de la cama. Olivia se incorporó un poco y justo iba a salir de la habitación.

—Olivia, ¿dónde vas? —Pregunté frunciendo el ceño.

—A dormir. —Iba a dormir en la litera, y negué sonriendo.

—No, hoy duermes conmigo. —Alcé un brazo para que viniese conmigo, y Olivia se tumbó a mi lado. No ocupaba mucho espacio, y su cuerpo quedaba totalmente pegado al mío.

—¿Sabes de qué color son tus ojos? —Preguntó mirándome.

—¿Verdes? —Alex dije en tono de pregunta, porque la última vez me dijo que no.

—Verdes. —Respondió sonriendo más ampliamente, y no pude evitar besarla de nuevo, aunque para facilitar las cosas, tiré de Olivia para que se elevase un poco y quedase con medio cuerpo encima de mí. No podía más, y mi lengua rozó sus labios, provocando que Olivia abriese los ojos para mirarme.

—¿Me dejas hacer una cosa? —Ella asintió un poco, y tomé su cuello por debajo del pelo. Comencé a besarla lentamente, observando cómo a Olivia le gustaba aquello, y quería seguir besándome. Colé la punta de mi lengua en su boca y seguí besándola, escuchando que un suspiro salía de entre sus labios, y seguí besándola, buscando su lengua suavemente, y tras un par de segundos, de forma tímida, pude notar el roce húmedo de su lengua con la mía, y de nuevo, un suspiro más fuerte. —¿Qué tal? —Olivia no respondió, simplemente, me volvió a besar.

Olivia, 16 de septiembre de 1997

Aún me temblaba el cuerpo, y podía sentir cómo me palpitaban hasta las yemas de los dedos aún, simplemente, por tener a Alex durmiendo a mi lado. Todavía podía sentir su lengua, y podía sentir sus manos en mi cuello, acariciándolo con la suavidad que sólo ella tenía. Alex permanecía en la cama con el rostro hacia el lado contrario a mí, y podía ver el músculo de su cuello, podía observar los rasguños de su mandíbula, y su piel pálida marcada por los moratones que estaban comenzando a irse.

Me levanté de la cama con cuidado, frotándome un brazo ya que a aquella hora de la mañana en Miami, refrescaba. Llevaba puesta su camiseta y olía a limón y menta. Podía llevar a Alex a todas partes si la utilizaba.

No había nadie en casa, y lo único que por instinto hacía al levantarme era el desayuno. Huevos revueltos, beicon y algunas tostadas, recogiendo la cocina después. En la nevera había de todo, e incluso cosas que yo no conocía, pero cogí el zumo de naranja y lo puse en la mesa. De camino a la habitación de Alex, pude ver cómo un piano se dejaba ver en la habitación del fondo del pasillo. Caminé hacia ella, y abrí la puerta. Estaba allí, y la habitación estaba llena de libros, de todas clases, además de discos. Toqué una tecla suavemente, y el sonido inundó la habitación.

Y sin quererlo, probando teclas del piano, me salió la voz.

—*It's dangerous to fall in love, but I want to burn with you tonight. Hurt me.... There's two of us we're bristling with desire the pleasure's pain and fire. Burn me, so come on I'll take you on, take you on, I ache for love, ache for us. Why don't you come? Don't you come a little closer? So come on now, strike the match, strike the match now. We're a perfect match, perfect somehow. We were meant for one another. Come a little*

closer.
» *Flame you came from me, fire meet gasoline, fire meet gasoline.... I'm burning alive. I can barely breathe when you're here loving me. Fire meet gasoline, fire meet gasoline I got all I need when you came after me. Fire meet gasoline, I'm burning alive and I can barely breathe, when you're here loving me. Fire meet gasoline.... Burn with me tonight. And we will fly like smoke darknin' the sky. I'm Eve, I wanna try take a bite... But it's a bad debt certain death, but I want what I want and I gotta get it. When the fire dies darkened skies. Hot ash, dead match only smoke is left. But it's a bad debt certain death but I want what I want, and I got to get it. When the fire dies dark in the skies hot as a match only smoke is left...*

Y paré de cantar. Alex estaba en la puerta con los labios entreabiertos, y aún la cara de dormida en su rostro.

—Siento despertarte así... —Me levanté del asiento y carraspeé. —Y siento haber usado el piano, yo...

—¿De dónde te sale esa voz? —Me cortó con esa pregunta, que no sabía cómo responder.

—No lo sé. —Me encogí de hombros jugando con el borde de la camiseta.

—¿Cuál es esa canción? —Negué mirándola.

—No existe. —Respondí viendo cómo se acercaba.

—¿Qué no existe? —Ella frunció el ceño y se cruzó de brazos llegando hasta mí.

—La hice yo, así que no... No existe. —Me encogí de hombros.

—Sí que existe, es tuya. ¿Cómo se llama? —Alex cogió mis manos y enlazó sus dedos con los míos, y fue una sensación que me recorrió el cuerpo de pies a cabeza.

—No tiene nombre. —Mis mejillas estaban tan encendidas que fue un milagro que no empezase a sudar.

—¿Te da vergüenza que te vean cantar? —Asentí casi girando la cara con una sonrisa, y ella me abrazó acariciándome el pelo. —Eres genial.

—Te hice el desayuno... —Mis dedos daban toquecitos en su espalda suavemente.

—Lo que yo decía.

Bajamos al salón y Alex se sentó frente a mí en la mesa, echándose un vaso de zumo.

—Olivia, no tienes por qué hacerme el desayuno, ¿me oyes? —Sonreí al verla echarse el vaso, porque a pesar de lo que me estaba diciendo sí que le gustaba.

—Lo hago porque se me da bien cocinar. —Ella comía, y yo también pero en menos cantidad.

—¿Cuándo escribiste esa canción? —Me preguntaba mientras se comía una tostada con mermelada de fresa.

—Hace dos semanas... —Respondí comiendo un poco, mirando a Alex algo tímida. Nadie sabía aquello, y sinceramente, no quería que lo supiese nadie. —Cuando me dejaste por Hank y... —Fruncí el ceño y miré el plato, porque aquello me hacía sufrir.

—Eh, eh.... Todo eso pasó, ya está. —Dijo cogiendo mi mano por encima de la mesa. —¿Eso es lo que escribes en tu cuaderno? —Asentí mirando a la morena, que soltó mi mano para poder seguir desayunando.

—En parte...

—¿Sobre qué escribes? —Bebí un poco de zumo.

—Sobre todo.

—¿Qué es sobre todo?

—Sobre todo lo que siento. —Removí un poco el huevo y ella me miró, parecía interesarle aquello.

—¿Y qué sientes? —Apreté los labios saboreando el revuelto, el beicon y el zumo que se mezclaban en mi boca.

—Muchas cosas a la vez. —Dije cogiendo de nuevo el tenedor.

—¿Eso te hace escribir canciones? —Asentí mirándola, masticando el bocado que había tomado. —¿Sólo canciones?

—No, también escribo simplemente lo que siento, ya te lo he dicho. O hago dibujos, pego fotos, no sé, Alex. —Me rasqué la frente, porque Alex muchas veces hacía demasiadas preguntas que tenían respuesta pero no sabía explicar.

—Muchas veces tengo la sensación de que escondes demasiadas emociones que deberías sacar. Llorar es algo natural, no sólo puedes llorar por lo que te hace feliz. Tienes que contarle a alguien lo que te está pasando. Por ejemplo, las marcas de tu espalda.

—Vale, Alex, vale. —Apreté los ojos y me levanté de la mesa y me dirigí hacia las escaleras, pero ella me cogió del brazo.

—No puedes huir siempre. —Me giré haciendo que soltase mi brazo, con lágrimas en los ojos.

—No me pidas que te cuente algo que no puedo contar. No me pidas que te cuente algo que me hace daño sólo de pensarlo. No me pidas que te cuente cosas de mi vida que ni yo misma quiero recordar y que estoy intentando olvidar. No me pidas eso si tanto me quieres, Alex. ¿Por qué no dejas las cosas en su sitio? No puedo contarte por qué no conozco muchas cosas que a ti te parecen tan normales. No puedo contarte lo de las malditas marcas en la espalda. Sí, sé que te importo y por eso lo haces, pero no puedo. No puedo contarte esto y arrancármelo del pecho como me gustaría, porque va a estar ahí. Intento ser normal, pero no puedo. ¿Tú crees que una persona que ha vivido lo que yo viví y sigue viviendo puede ser normal? No, no lo sabes. La gente me llama rara porque pocas veces hablo, porque pocas veces me han dado la oportunidad. —Por primera vez, había alzado el tono de voz para hablar como Alex, y acababa de romper una barrera que parecía casi indestructible, el dolor y el enfado habían colapsado para hacerme ver como una persona normal.

—Olivia, cálmate... —Alex puso las manos en mis hombros y me aparté de ella, sollozando.

—¿Crees que no me hace daño que la gente no quiera acercarse a mí? Me callo y escucho, porque así he estado toda mi vida, Alex. Y no quiero contarte estas cosas, porque sería un suicidio hacerlo. Así que por favor, por un día, deja de preguntarme por las putas marcas de la espalda. — Apreté los puños y mis ojos parpadearon un poco, dejando caer las lágrimas y subí las escaleras corriendo.

—¡Olivia! —Escuché la voz de Alex pero me encerré en el baño, dejándome caer por la pared, justo en la esquina donde me senté la noche que presencié la pelea de Hank y Alex. Y lloré, porque estaba enfadada por todas esas cosas que me pasaban. No con Alex. Estaba enfadada porque no entendía el porqué de que todo me pasase a mí. De que mi vida fuera una mierda. Apreté los puños y sollocé, escuchando los golpes en la puerta de Alex. —Olivia, abre por favor. Lo siento, he sido una estúpida.

Me levanté del suelo y me limpié las lágrimas abriendo la puerta del cuarto de baño tras cinco minutos.

—No eres estúpida. Yo soy estúpida. Y si vienes a que te cuente eso, la pared te contestará antes que yo.

—Olivia, no... —Alex me abrazó fuerte, y dejé que lo hiciese. —¿Cómo te sientes?

—Enfadada. —Ella me soltó de golpe y negué. —No contigo. Con todo, con el mundo. De que nadie me entienda y de ser una inútil. —Alex negó ante lo que decía. —¿No crees que sea inútil alguien que no sabe ni besar? ¿Qué no tiene ni idea de cómo es el sexo ni siquiera con una chica? Ni siquiera entiendo por qué quieres estar conmigo. —Alex estaba a punto de romper a llorar, y me di cuenta de lo que había hecho.

—Porque estoy enamorada de ti y te amo, quizás eso te da una ligera idea. —Apretó los labios y en ese momento me desmontó el enfado que tenía. Cogí su cara entre mis manos y la besé, sintiendo a Alex responderme al beso, y sus manos acariciar mi espalda.

—Perdóname, Alex, soy idiota. —Susurré apretando los ojos.

—No, no lo eres. No volveré a preguntarte. —Y me abrazó, notando cómo sus brazos apretaban mi espalda y mis lágrimas seguían brotando, pero no por Alex, si no todo por lo que había pasado.

Capítulo 9

Olivia, 22 de septiembre de 1997

El mar estaba en calma, y me limitaba a observarlo. Tan simple parecía, y a la vez tantas cosas escondía, muy similar a mí. Aquél día estaba tan cansada, pero, tan cansada, que ni siquiera saqué la caja de naranjas para escribir o escuchar música. Estaba llorando, moviendo las piernas que colgaban del embarcadero y que no llegaban al agua, pero esta se movía debajo de mí. Hice una pequeña mueca de dolor, agachando la cabeza con un suspiro. Por fuera, mi rostro, mi cuerpo, estaba en total calma, pero en mi interior se libraba una batalla que casi me resquebrajaba por dentro y provocaba que a veces llorase como estaba haciendo en aquél momento. No quería que se me escuchase llorar, no quería escucharme llorando.

Me dolía el ojo, el costado, los dedos de las manos que tenía llenos de moratones. No podía ver a Alex en al menos unos días, hasta que se pasase esto. Hasta que las marcas dejasen de estar. Me era duro cada vez que estaba con ella. Porque me abrazaba y yo me moría del dolor que sentía, cuando me cogía de la mano y mi muñeca estaba rota, pero aún más, me moría porque quería decirle que me estaban matando en vida, y yo no decía nada. Sonreía con Alex, porque no podía hacer otra cosa más que eso, era algo que salía sólo cuando estaba a su lado aunque me muriese por dentro. Y pensaba que, quizás si fuese más guapa mis padres me querrían más.

—¡Olivia! ¡A cenar! —Escuché la voz desde casa y me levanté a duras penas del embarcadero, caminando casi arrastrando los pies por la madera, que crujía bajo mis pisadas, y casi emulaban el sonido de mis huesos romperse.

Abrí la puerta trasera de la casa y entré en la cocina. Gregg estaba en su trona con la cuchara de papilla en la mano, con la cara manchada. Jamie estaba sentada en la mesa, al lado de Jackson, que me miraban al entrar.

—Hola, Olivia. —Dijeron los dos. Gregg aún no hablaba, seguía concentrado en comerse su papilla aunque lo estaba manchando todo.

—Hola chicos. —Les acaricié la cabeza con cuidado y sonreí débilmente. —¿Están papá y mamá aquí? —Susurré y ellos asintieron. Cogí una servilleta y le limpie la boca a Gregg, tragando algo de saliva. Los pasos bajaban por las escaleras y crujían la madera del pasillo.

—¿Qué has hecho hoy Olivia? —Me preguntó, y lo miré sentándome en la mesa apretando las puntas del mantel entre mis dedos. Me recorrían los nervios por todo el cuerpo.

—Nada. —Respondí, y él puso las manos en mis hombros, apretándolos fuerte.

—Deberías haber limpiado la casa. —Los dedos de sus manos se clavaron en mis clavículas.

—Lo hice... —Susurré con la voz temblorosa.

—No como yo quería. —Podía oler cómo al separarse de mí, encendió un cigarro y se lo llevó a la boca. El humo inundaba la cocina, y los niños comían de forma tranquila. —Ven un momento. —Apreté los ojos y me levanté de la silla, caminando detrás de él mientras se fumaba su cigarro. Subí las escaleras detrás de él y entramos en mi habitación. Directamente, me dio una bofetada que hizo que me quemase la cara.

—Quítate la ropa. —Me miraba con tal desprecio, que en aquél momento me daba igual si me moría porque sería mejor que lo que venía después.

Me quité la camiseta lentamente porque me dolía sólo moverme y me bajé los pantalones que casi caían solos al suelo. Lo primero que sentí fue cómo algo me golpeaba la parte de detrás de las piernas, y era su correa por la parte de la hebilla, que brillaba a la luz del atardecer que entraba por la ventana. Solté un grito que me salió de lo más profundo de mi garganta, cada vez que la correa tocaba mis piernas. Estaba llorando sin consuelo por el dolor que estaba sintiendo en las piernas, porque me desgarraba la piel con la hebilla, y sentía mis piernas flaquear, pero él me cogió de las manos y me mantuvo en pie, para que sintiese los latigazos que me estaba dando en la parte trasera de los muslos. Me estaba haciendo llorar, casi gritando, probando mis lágrimas que caían sin cesar a mis labios. Tras diez minutos paró, pero mis lágrimas no paraban de caer y mis piernas temblaban tanto que no podía mantenerme en pie porque se me doblaban las rodillas. Él me dio un empujón que me tiró a la cama boca abajo, y apretó mi brazo con la rodilla. Pude sentir cómo casi se me salía el hombro, y cómo el húmero se me resquebrajaba, pero lo más doloroso de todo, fue cuando sentí la punta del cigarro hundirse en mi espalda. Grité, apreté las manos en la cama sintiendo cómo me quemaba, cómo la piel me dolía tanto que pensé que me estaba quemando con algo más grande que eso, pero no. Allí se encontraban las respuestas a las preguntas de Alex, ese cigarro provocaba las marcas por toda mi espalda que Alex veía. Me estaba muriendo de dolor, me quemaba la espalda y me quemaban las piernas. Casi convulsioné cuando llegó a la parte baja de mi espalda y tras gastar el cigarro, paró. Se levantó de encima de mí y se puso la correa mientras yo lloraba, dejándome tirada en mi habitación.

Mi cuerpo temblaba, dolía, quemaba, escocía, estaba en carne viva y mis dedos se enredaban en las sábanas, aferrándose a algo para descargar todo el sufrimiento y el dolor que había pasado.

Tras dos horas tumbada, esperando a que no volviese, me levanté lentamente de la cama. Me miré en el espejo de la habitación y estaba destruida. Sus ataques de ira por cualquier cosa me dejaban así, y no podía hacer nada.

Me puse el pijama casi llorando, era tan frágil en aquél momento que me dolía hasta respirar, me dolía hasta simplemente quedarme tumbada en la cama.

Aquella noche, la pasé entre lágrimas, como desde hacía bastante. Aquella noche no dormí, como casi siempre.

Al alba, me escabullí por la ventana con la mochila vacía, como siempre. A pesar de que el dolor me estaba matando lentamente, como era ya costumbre. Cogí la caja de naranjas, saqué el cuaderno y lo metí en la mochila. Aquella mañana visité la tumba de mi hermana, como hacía a diario. Y aquella mañana llegué a la tienda como hacía unos meses.

Me costaba dar pasos normales, e internamente me estaba muriendo de dolor.

—Hey, Olivia. —John, el encargado de la tienda me sonrió, poniéndome un café en la mesa. —Vamos, lo necesitas para hoy.

—Muchas gracias... —Susurré cogiendo el café, quedándome en silencio. El calor del vaso llegaba a mis manos y cerré los ojos, escuchando su voz.

—Tienes que apilar un montón de libros que se han descatalogado, y algunas películas. —Levanté la mirada dándole un sorbo al café.

—¿Dónde van esas películas? —Hablaba en susurros mirando al chico, y él se encogió de hombros.

—Creo que las tiran. —Bebió de su café, mirando el ordenador delante de él. Era como una gran tele, de color gris, y ahí manejaba todo.

—¿No nos las podemos quedar? —Él se giró y asintió.

—Claro, claro. Quédate lo que quieras. —Asentí con la cabeza gacha y me giré sobre mis talones caminando hasta la lista que tenía sobre el mostrador del fondo de la tienda. Solté un suspiro por el dolor de las piernas, de las heridas abiertas que no se habían curado. Apoyé las manos en el mostrador y apreté los ojos, abriéndolos para observar la lista de libros que tenía, y a pesar del dolor que sentía, comencé a apilarlos en silencio.

La mayoría de los días estaba así, intentando recuperarme de la paliza anterior. Las secuelas psicológicas de tantos años estaban ahí, y la gente me llamaba rara por quedarme en silencio, por decir cosas que no tenían mucho sentido, pero lo que no sabían era el grado de afección que mi mente tenía. No tenía fuerzas para comportarme como una persona normal, que habla y se ríe. Mi estado era de estar intentando no llorar el día entero, y a veces hasta lo conseguía. Me aterraba ir a casa, prefería que me pegasen en el metro porque no era nada con lo que me hacían en casa.

Llamé al timbre de Alex y ella abrió, sonriendo, y me abrazó fuerte. Adoraba sus abrazos pero me moría del dolor que estaba sintiendo en ese momento, y lo único que pude hacer fue cerrar los ojos y apretar fuerte las manos en su camiseta.

—Te echaba de menos. —Me dijo al oído, dándome un beso en la mejilla con una sonrisa.

—Y yo... —Musité sonriendo, caminando dentro de su casa.

—¿Quieres bañarte en la piscina? —Preguntó, Chris estaba con una chica y negué bajando la cabeza, mirando hacia otro lado. —¿Puedo abrazarte?

—Como desees... —Respondí con la voz más Marie que pude sacar, y ella amplió su sonrisa pasando sus brazos por mi cuello.

—Has leído el libro. —Asentí, sintiendo sus labios posarse sobre mi mejilla y una sonrisa salió de mi rostro.

—Y yo también te amo. —Susurré bajando las manos a su cintura, sintiendo el beso de Alex directamente en mis labios, tierno, suave, y casi creía que sería capaz de arreglarlo todo.

Cuando me leí el libro, por fin lo entendía todo. Aquella princesa que iba a casarse, tenía un sirviente, y cada vez que ella le pedía algo él le respondía 'como desees'. Así, durante mucho tiempo, hasta que ella se dio cuenta de que cada vez que él decía 'como desees', en realidad le estaba diciendo te amo.

Vi cómo los ojos de Alex se posaban en mi hombro y me subí la camiseta, separándome de ella porque los recuerdos de la noche pasaba me inundaban, y estaba a punto de llorar.

—Olivia, Olivia, lo siento, oye, no he dicho nada, está bien. —Me cogió de la mano y me subió con ella a la habitación, cerrando la puerta, pero esta vez, no iba a recibir ninguna paliza delante de nadie. Me froté los brazos mirando al suelo, y casi sentía que el cuerpo aún me temblaba desde anoche. —Sé que no quieres hablar de esto pero... ¿Puedo ver tu espalda? —La miré a los ojos y giré la cabeza, asintiendo. Me subí la camiseta lentamente hasta quedar en sujetador, y frente a Alex, era simplemente un cuerpo escuálido, pálido, en el que se notaba cada hueso del cuerpo porque simplemente no me daban de comer, era tan simple como aquello.

Alex me miró a los ojos y caminó a mi alrededor hasta quedar de espaldas a mí. No escuché nada, hasta que sentí los labios de Alex en la parte baja de mi espalda, besando esta. Las heridas estaban frescas, quemaban aún sólo con el roce de la ropa, pero la boca de Alex era como el agua que cae en las brasas y hace que el fuego se apague aunque siga quemando. Sus labios subían lentamente por mi espalda y entreabrí los labios ahogando un quejido, apretando las manos en puños. Sus labios subían por mi espalda dejando pequeños besos, que se pararon en mis hombros, donde pude sentir con más claridad los besos que me daba Alex. Allí, ya casi no quedaban heridas, y las que había eran antiguas, así que cuando Alex comenzó a besarme allí, lo único que pude hacer fue fundirme ante la sensación que me producían sus labios, y sus brazos rodeando mi cintura para pegarme a ella. Justo cuando mi espalda dio con su pecho, me di cuenta de que Alex tampoco llevaba camiseta, y sus besos subían débiles hasta mi oído, donde paró. Sus manos me dieron la vuelta con suavidad y me miró a los ojos. Pude ver su cuerpo, cómo aún tenía moratones, marcas de cortes y no apartó la mirada de mí, mientras escudriñaba su cuerpo.

—Mírame. ¿Me has visto bien? —Alex me hablaba en susurros, y asentí un momento. Tenía aún puntos en el abdomen, porque habían tenido que operarla al encontrarle órganos afectados por las costillas. —Me han apaleado hasta casi matarme. Me han violado cuando estaba inconsciente. Me han pegado sin descanso. —Susurró cogiendo mis mejillas y pegó su rostro al mío. —Yo te lo conté todo. Yo te enseñé cada una de mis heridas cuando aún sangraba. Te mostré que me hacían daño. ¿Por qué no me dejas que sepa qué te hace y quién te lo hace? —Me quedé en silencio un momento, desviando la mirada.

—No quiero perderte. —Susurré separándome de ella negando.

—No vas a perderme.

—No lo entiendes. No entiendes nada. —Me giré cogiendo mi camiseta.

—Olivia, vale, no me cuentes quién ha sido. Pero no vuelvas a esa persona. Quédate conmigo unos días. Déjame ver qué más te ha hecho.

Comencé a sollozar y me desabroché el pantalón, dejando que cayese al suelo y me di la vuelta.

—Olivia... —No quería que lo viese más, y me giré hacia Alex llorando, sintiendo sus brazos abrazarme contra su pecho. Nunca había llorado delante de Alex de esa manera, de una manera que me estaba quemando, y que no sabía cómo parar. —Todo estará bien. Te lo prometo, Olivia. —Susurró en mi oído, dándome un beso en la mejilla. —Te vas a quedar conmigo.

Tras eso, Alex me tumbó boca abajo en su cama, y comenzó a echarme una crema en la espalda que refrescaba las quemaduras del cigarro en la espalda.

—¿Cómo te lo hicieron? —No podía ver a Alex, pero tampoco quería, su voz estaba algo tomada.

—Con un cigarro. —Respondí, y nos quedamos de nuevo en silencio. De fondo, escuché a Alex sollozar, cosa que me partió el alma porque estaba llorando por mí.

—¿Y lo de las piernas? —La voz de temblaba, pero sentí cómo el dolor en las piernas aumentaba al notar cómo el algodón lleno de alcohol rozaba las heridas provocadas por la hebilla del cinturón.

—Una correa. —Apreté las manos sobre la almohada hasta que terminó de cubrir las heridas con vendas, y giré la cabeza hacia ella, que se limpiaba las lágrimas.

—¿Qué más cosas te duelen que no me has contado? —Negué, pero ella asentía con los ojos cerrados intentando no llorar pero la lágrima se escapó entre sus pestañas. —Por favor.

Me coloqué de lado con cuidado para quedar frente a Alex, levantando la mano.

—Tengo un esguince en la muñeca, o eso creo...

—¿Cada vez que te he agarrado así, te ha dolido? —Rodeó mi muñeca con la mano y apretó, provocando que soltase un quejido.

—No hagas eso... —Dije con los ojos cerrados, recobrando la respiración.

—Qué más.

—Todo el cuerpo... —Susurré mirándola, y ella se levantó de mi lado, andando por la habitación. Le dio un puñetazo a la pared, y di un pequeño salto en la cama del susto, porque me asustaba con facilidad. Alex se dio la vuelta y pude ver cómo había hecho un agujero en la pared. Salió del cuarto.

No sabía qué había pasado, pero si Alex estaba enfadada conmigo, entonces sí que no tendría razones para seguir.

Entró de nuevo y abrió la puerta, cerrando después. Se sentó a mi lado y pude ver en sus ojos la tristeza de nuevo, pero era por mí, no por ella misma.

—Esto es una muñequera. Te la pones y no te la puedes quitar, sólo para ducharte. Te curará la muñeca. —Abrí la mano un poco y ella la colocó lentamente. —¿Hace cuánto que no comes?

—Esta mañana... —Pegué la muñeca contra mi brazo, y miré sus ojos.

—¿Qué has comido?

—Un café.

—Eso no es comer. Cuándo fue la última vez que comiste algo sólido.

—Dos días, supongo... —Me encogí de hombros y Alex cerró los ojos, suspirando. —Pero no tengo hambre...

—Nunca tienes hambre porque siempre estás triste y tu estómago está cerrado, y no puedes comer nada. Pero sí que tienes que comer, conozco bien esa sensación.

No discutí más y al cabo de unos minutos, Alex traía un plato de pasta para mí, que olía bastante bien. A decir verdad, las únicas veces que comía realmente era cuando veía a Alex. En casa, si salía de la habitación y no había nadie, me daba tiempo a coger una manzana, o quizás y tenía suerte, un poco de puré de patatas, pero tampoco quería arriesgarme a que me pillasen y tener una nueva paliza.

Empecé a comer bajo la mirada de Alex, que acariciaba mi brazo suavemente y no quería que parase de comer.

—Te voy a cuidar, ¿me oyes?

—Te oigo... —Musité mientras comía, sin levantar la cabeza.

—Te quiero.

—Como desees, Alex.

Capítulo 10

Olivia, 23 de septiembre de 1997

Alex era muy amable y atenta. Me había dejado que durmiese en su casa aquella noche, y la verdad es que me había gustado mucho. No sé cómo, pero consiguió que su madre me dejase dormir en casa, y yo me sentía algo mal por Alex. No quería quitarle su cama, y tampoco quería invadir la vida de aquella familia, parecía que era una intrusa allí.

Cuando abrí los ojos aquella mañana, aún me dolía todo el cuerpo, aunque era normal porque había pasado apenas un día, pero con la crema que Alex me echó en la espalda había dejado de quemar de forma tan intensa. Alex estaba sentada en una esquina de la cama con un libro entre las manos. Comparada conmigo, Alex era perfecta. Tenía los ojos totalmente verdes, la nariz, aunque no perfectamente recta, era preciosa, haciendo juego con sus labios y la línea de su barbilla. En cambio yo, estaba flacucha, tenía los dedos amoratados y las muñecas vendadas. Mis piernas eran pálidas y blanquecinas, adornadas con aquellas marcas moradas que recubrían mis piernas, y que también aparecían en mis costados. Volver a moverme todas las mañanas me costaba muchísimo, porque mi cuerpo estaba entumecido, y me dolía cada parte de este como si me acabasen de dar aquella paliza. Tragué un poco de saliva y cogí aire, y no sé de qué forma lo hice, porque Alex desvió la mirada del libro hacia mí, parecía que acababa de despertar de un coma.

—¿Estás bien? —Preguntó ella. Alex único que hice fue asentir, porque bien, lo que se decía bien en el sentido estricto de la palabra, no estaba.
—¿Cómo has dormido? —Dejó el libro a su lado y se levantó de la

cama, sentándose a mi lado. Me quedé dormida con la misma ropa que traía ayer puesta, ya que ni siquiera pude cambiármela.

—Bien, muy bien... —Dentro de lo que cabía, era la primera vez que dormía en varios días, y la primera vez que no me despertaba.

—Me alegro. —Sus dedos acariciaron mi mejilla, y posó sus labios en mi frente para darme un beso. Ella me quería, podía sentirlo en la forma en que sus labios se quedaban pegados a mi frente unos segundos, antes de separarse, o en cómo me acariciaba el brazo de la forma más suave que podía. —Deberías ducharte.

—No tengo ropa. —Le dije en voz baja, ladeando la cabeza en la almohada para cerrar los ojos.

—Te dejaré mi ropa. —Alex me incorporó un poco y yo me agarré a su cuello, consiguiendo sentarme al borde de la cama aguantando esos quejidos, más por costumbre, porque ahora que Alex sabía lo que me pasaba, no era necesario.

—No quiero abusar de ti... —Susurré escondiendo la cara cuando me ayudó a levantarme de la cama, caminando con una mano rodeando su cintura hacia el baño.

—¿Abusar de mí? —Frunció el ceño mientras andábamos.

—De tu confianza y amabilidad. —Dije quedándome parada en la puerta del baño, tragando algo de saliva.

—No es amabilidad, es sentido común, Olivia. —Puso una mano en mi cintura y apretó para empujarme dentro del baño.

—¿Tengo que quitarme también la muñequera? —Pregunté mirando mi mano, y ella asintió quitándola con cuidado antes de entrar.

—Cuando salgas, me llamas, ¿vale? —Me acarició la mejilla con el pulgar, y en ese momento sonreí, intentando que no se separase mucho de mí, pero ella lo hizo. Me gustaba mucho el tacto suave y aterciopelado de las manos de Alex, me recordaba mucho a las sábanas que usaba de pequeña.

—Vale. —Respondí con voz algo tímida, cerrando el cuarto de baño.

En el momento en el que me vi frente al espejo, no pude más que compadecerme de mí misma. Estaba demacrada, las ojeras casi eran moradas como un moratón, y mis mejillas se hundían un poco marcando mis pómulos de una forma terrible, dejando de mí una imagen esquelética.

Con cuidado, me quité la camiseta levantando los brazos entre quejidos y vi mi pecho. Esa no era yo, esa no quería ser yo. El tono rosado y verde de los moratones denotaban que llevaban allí varios días, y seguían doliendo como el primero. Hundí los dedos suavemente en la piel para tocarlo, y me dolió. Una punzada de ese incesante dolor me recorrió el pecho, y aparté los dedos al instante, soltando un suave suspiro.

Mis pantalones al desabrocharlos cayeron al suelo sin hacer falta nada más, y aquello me molestaba. No era normal, y yo quería serlo. Quería tener las piernas de Alex, quería que los huesos de mis caderas no se notasen de esta forma, quería que al inclinarme no se me notara la columna vertebral en toda la espalda. Era asqueroso mirarme en el espejo y ver que sólo era una bolsa de huesos y pellejo blanquecino.

Tras desnudarme, entré en la ducha y el agua templada cayó sobre mí. El dolor que producía el agua en las heridas de mi espalda era insoportable, porque no era una herida, eran como cien quemaduras de cigarro que me cubrían la espalda, y no me permitían otra cosa que soltar quejidos. Me enjaboné como pude, ya que la muñeca me dolía mucho y el dolor retorcía mis dedos. No era el dolor de la fractura en sí lo que me dolía, era el haber estado tanto tiempo así sin contárselo a nadie, la cosa había empeorado.

Cogí la esponja con un poco de jabón y la presioné contra mi piel, dejando que el agua cayese tibia sobre mis brazos, y parecía ser que así me comenzaba a limpiar de todo aquél mal que había estado sintiendo, que tan sucia me estaba haciendo sentir durante todo aquél tiempo. Pero lo peor no era la paliza que me dio, lo peor era cuando apareciese tras esos días en casa.

Salí de la ducha y me sequé un poco, escuchando dos golpes en la puerta.

—¿Puedo pasar? —Preguntó Alex, y no sabía qué decirle. Me cubrí un poco con la toalla y abrí con la mano buena, sujetando esta. Miré al suelo y mi rostro estaba totalmente enrojecido por la vergüenza, sosteniendo la toalla con los brazos.

—Oh... Uh... Creí que no te daría vergüenza que te viese desnuda. —Me quedé en silencio con las mejillas aún más rojas, sintiendo que el calor me atosigaba.

—Un poco... —Me salió un hilo de voz y Olivia se quedó mirándome, carraspeando luego.

—Toma, aquí te traigo ropa interior y una muda, espero que te sirvan.... Y que te guste. —Sonrió y miré cómo ponía la ropa en el lavabo, asintiendo.

—Gracias. —Dije en un susurro, sin apartar la vista del suelo.

—Te espero abajo mejor. Espera. —Se dio la vuelta antes de irse y cogió mi mano, para colocarme la muñequera de nuevo hasta que desapareció tras la puerta.

Cuando terminé de vestirme, prácticamente todo me quedaba grande. Miré al espejo y las mangas me llegaban hasta los codos, y el pantalón de Alex era de algodón azul, así que, daba igual si me quedaba grande.

Bajé las escaleras para encontrarme con Alex desayunando en la mesa, cereales, huevos y beicon, fruta, zumo de naranja y algunos gofres. Me acerqué a la mesa frotándome un brazo y ella sonrió al verme.

—¿Estás mejor? —Me preguntó con una sonrisa, con su taza de café entre las manos. Siempre sonreía desde que Hank se fue, y para mí eso era un gran logro.

—Sí, mucho. —Sonreí un poco sentándome en la silla frente a ella. Lo malo de aquella camiseta, era que al ser tan grande, el cuello me dejaba ver parte de la espalda, y ahí es donde todo se fracturaba.

—¿¡Qué coño es eso!? —Gritó Chris tocándome la espalda. Rápidamente me aparté con una mano en la cabeza.

—Chris, déjala en paz. —Dijo Alex mirando a su hermano detrás de mí.

—No, ¿qué tiene en la espalda? —Alex apretó la mandíbula y separó a su hermano de mí.

—Chris, para.

—¡Dime quién coño le ha hecho eso! —Comenzó a gritar él.

—¡No lo sé joder! —Alex también gritó, y me tapé los oídos apretando los ojos, agachando la cabeza entre mis brazos. Los gritos me embotaban la mente, no los soportaba. El miedo se apoderaba de mí instantáneamente, pensando en que algo malo iba a pasarme de nuevo. Él corazón se me aceleró a mil por hora, podía sentir cómo golpeaba mi pecho casi intentando salir, como si estuviesen allí para pegarme.

—No os peleéis... —Susurré en bajo, pero no me escuchaban, y froté mi cabeza con las manos apretando los ojos. Estaba sufriendo por aquellos gritos, hasta que pararon.

—Olivia, ¿estás bien? —Sentí a Alex arrodillarse delante de mí, y abrí los ojos un poco, asintiendo. —¿Ves? No le gusta que le griten. —Dijo en voz más suave, dándome una suave caricia en la mejilla.

—Lo siento, Olivia. —Chris se sentó en la silla de mi lado, y lo miré negando. —Es que, desde lo de Alex, no soporto estas cosas.

—¿Podemos contárselo a él? —Me preguntó Alex mirándome con esos ojos verdes llenos de preocupación. Pasé los dedos por encima de la mesa de madera y asentí, sin decir nada. —Alguien le pega, no me quiere decir quién. Y no la presiones a decírtelo porque no. —Alex se levantó de la mesa para volver a sentarse en su sitio, untando un trozo de pan con mantequilla. —Y le hace cosas que... —Agaché la cabeza mirando los dedos amoratados de mis manos, en los que Chris se fijó.

—¿Qué vamos a hacer si no quiere decirnos quién es? —Él suspiró, y Alex se encogió de hombros.

—No lo sé, Chris. —Si se lo decía y denunciaban, me quedaría sin casa y viviendo en la calle. No iba a estar con ellos para siempre, así que me quedé en silencio.

—¿Por qué no les decimos a mamá y a papá que se quede aquí a vivir? —Preguntó Chris cogiendo un trozo de pan para acompañar el revuelto y el beicon. A veces creía que se olvidaban de que estaba allí. Miré el plato que me había puesto delante Alex y me fijé en el gofre. Los había visto pero, nunca los había probado.

—No, no puedo... —Dije yo cortando un poco el gofre. —No me siento bien ocupando vuestro espacio, sois una familia.

—¿Tú tienes familia, Olivia? —Preguntó Chris, y eso también me lo preguntaba yo.

—Sí. —Respondí sin más, dándole un bocado al gofre sonriendo un poco. —Está bueno.

—¿Te gustan los gofres? —Alex bebió de su zumo de naranja mientras desayunaba.

—No lo sé. Nunca los había probado antes, pero... Sí. —Asentí cogiendo un poco del gofre con sirope de arce y beicon.

—¿En serio? —Chris me miraba con la boca abierta mientras yo movía las piernas en la silla.

—Ni el helado, ni la pizza... —Comí un poco más bajo la mirada de Chris. Me giré un poco mirándolo a los ojos.

—No me mires tanto... —Murmuré moviendo el tenedor en el plato.

—Vale, vale, lo siento. —Alzó las manos y sonreí ante su gesto, era muy gracioso.

—Es bastante tímida. A mí también me lo dice. —Alex cogió mi mano por encima de la mesa, acariciándola un poco.

—Eh, qué os parece esto: puedo invitar a Karen a casa y así tenemos citas dobles. —Él sonreía como si fuese una idea genial, pero yo apreté los ojos.

—No quiero parecerle una rarita. La mayoría de la gente no se me acerca y... —Suspiré cerrando los ojos removiendo el revuelto. —No me gusta porque no saben lo que de verdad me pasa, y no quiero que lo sepan para que no sientan pena... —Expliqué, comiendo un poco y mordiendo lento, degustando el beicon concentrada.

—Está bien... Podemos pedir pizza y ver pelis. —Propuso él, y Alex frunció el ceño.

—Estás proponiendo tener una cita con mi chica. —Me sonrojé en el instante en que dijo eso y ella rio. —A ver, dinos, qué quieres hacer.

—Quiero engordar. —Dije asintiendo, y los dos se quedaron en silencio.

—Alex, si no sales tú con esta chica me la quedo yo, qué decirte. —Se encogió de hombros y yo empecé a sonrojarme aún más.

—¿Quieres engordar? —Asentí un poco y froté la superficie de la mesa con los dedos.

—Vamos a comprar de todo, Pizza Hut va a colapsarse esta noche.

*

La pizza que Chris se estaba comiendo se estiraba y se estiraba hasta que el queso se rompió y chocó contra sus labios. Yo intenté hacer aquello pero, al no conseguirlo simplemente me comía mi pedazo de pizza. Chris había insistido en comprar casi de todo, pero la algunas cosas no sabía ni siquiera que existían, como los palitos de mozzarella o la salsa que llevaban las alitas de pollo.

—Mira, Olivia, ¿quieres jugar? —Chris tenía el mando de su videoconsola entre las manos, la conocía porque mis hermanos tenían una y jugaban con ella en el salón.

—Me gustaría pero me duelen los dedos... —Hice una mueca y lo miré, pero él me puso el mando entre las manos de todas formas.

—Vamos, sólo mueve estos botones. —Señaló estos botones negros que se movían en mitad del mando, y puse las manos en el mando con cuidado de no hacerme daño, y Alex estaba a nuestro lado mientras se comía una hamburguesa con queso. Chris empezó a darle a los botones y yo no sabía qué hacer. —Vamos muévelo hacia adelante. —Y empujé uno de ellos con el dedo suavemente, y el muñeco de la pantalla empezó a andar, provocando que yo riese. —¡A la derecha, a la derecha! —Me puse un poco nerviosa pero moví el joystick a la derecha, mientras él le daba a los botones y yo no sabía bien dónde ir, hasta que nos caímos por un barranco. —Vaya, se ha suicidado. —Los tres echamos a reír, y alguien llamó a la puerta. Chris se levantó de golpe y miré a Alex, que se acercó un poco más a mí. —Chicas, tengo que irme, que paséis buena noche. —Se despidió Chris y lo despedí con la mano viendo cómo desaparecía detrás de la puerta.

—¿Qué quieres hacer? —Me preguntó Alex, pasando un dedo por mi mejilla y sonriendo, dándome un beso suave en la nariz.

—No sé. Escuchar música. Hace mucho que no escucho música. —Dije encogiéndome de hombros un poco.

La cama de Alex era bastante grande, y de fondo, sonaban The Beatles. Alguna vez los había escuchado, pero no sabía que sus canciones me gustasen tanto. Mientras 'Yesterday' se escuchaba en toda la habitación, yo estaba sentada en la cama con la espalda en el cabecero de la cama y una almohada ahí, con mi cuaderno entre las manos.

El lápiz se deslizaba rápido por las páginas, porque no podía parar de escribir. Tenía a Alex al lado con los ojos cerrados y su mano en mi pierna, y se escuchaba una canción preciosa, así que, mi cabeza sólo podía pensar cosas bonitas que se reflejaban en aquellas hojas que recogían mis pensamientos.

Alex abrió los ojos y se incorporó un poco.

—¿Puedo ver lo que escribes? —Abracé el cuaderno contra mí y negué.

—No...

—Está bien, está bien. —Alex no apartó la mirada, pero se sentó de la misma forma que yo, apoyada en la almohada contra la pared. —¿Puedo ponerte algo bonito? Así cuando no esté, puedas saber que yo también te quiero. —Cogí una patata frita y la miré, dándole un mordisco pequeño.

—Vale. —Le di el cuaderno por la otra página, y cogió el lápiz que tenía en la mano. Comenzó a escribir en él, mientras yo miraba la hamburguesa que tenía enfrente con una sonrisa, y le di un buen bocado, estaba muy buena. Me gustaba estar con Alex porque era ella, obviamente, y además aprendía y descubría cosas nuevas que nunca me habían dado a probar, como el kétchup o cosas así. Alex seguía preguntándose cómo era posible que yo no hubiese probado esas cosas, pero en realidad no quería contárselo.

—Ya está. —Tras un rato en el que yo comía mi hamburguesa casi ensimismada, Alex giró el cuaderno. Había una chica pintada en él, y se parecía mucho a mí. Por sus brazos, la chica llevaba escrita algunas palabras, y aparecía sentada con las piernas cruzadas.

—Se parece a mí. —Arrugué la nariz, y Alex soltó una pequeña risa.

—Porque eres tú. —Me dio con el dedo en el costado y me encogí, sonriendo al sentir las cosquillas.

—Dibujas muy bien. —Le dije asintiendo, y ella esbozó una gran sonrisa.

—Gracias. —Cerró el cuaderno y me lo puso en el regazo, pasando un brazo por mis hombros.

—Deberías ser pintora, o algo que dibuje. —Sentí como ella se encogía de hombros. —¿Qué quieres ser?

—Mmh... Fotógrafa. —Mi cabeza se apoyó en su pecho, y levanté la cabeza un poco para mirarla.

—No me gusta... —Negué y ella frunció el ceño.

—¿Por qué?

—Porque no me gustan las fotos. —Alex cogió mi mano y dio un beso en los dedos, sonriendo.

—Si no quieres no te haré fotos.

—Entonces sí me gusta. —La abracé un poco más fuerte y sus manos acariciaron mi mejilla, mirándome a los ojos con una sonrisa.

—Me gustas tú. —Dijo ella, y no pude evitar sonrojarme de tal forma que buscase refugio en su pecho para que no viese mi cara.

Levantó mi rostro con la mano y me beso, de una forma tan tierna que casi podía decir que tenía miedo de que sus labios tocasen los míos y me hiciese daño, pero en absoluto, no lo hacía. Jamás habría pensado que un beso pudiese arreglarlo todo, aunque, sólo era un instante.

Tocaba volver a la realidad.

Capítulo 11

Olivia, 24 de septiembre de 1997

Aquellos días con Alex habían pasado muy rápido, bastante rápido. Ni siquiera me había dado tiempo a recuperarme de las heridas, de los golpes, pero tenía que volver a casa si no quería que la policía anduviese buscándome por Miami. No quería volver a casa, no quería ni siquiera ver el lago en el que siempre me escapaba a leer en mis ratos libres.

—No le hables a extraños, ¿vale? —Alex me señaló en la puerta de su casa con el dedo, frunciendo un poco el ceño.

—No me hables como si fuera una niña. —Le quité el dedo de mi cara y ella se echó a reír. A veces creía que la sonrisa de Alex era lo más bonito del mundo, pero entonces la miraba a los ojos y esa idea cambiaba.

—Lo siento. —Susurró ella cogiendo mis manos, y sus dedos pasaron entre los míos, quedando así enlazados. Su madre estaba delante, así que, escondió las manos entre nosotras y me dio un beso en la mejilla. —Te quiero. —Susurró contra mi oído, de forma que sonreí encogiendo el hombro, porque me hacía cosquillas al notar su respiración.

—Y yo... —Me separé de ella tras darle un tierno besito en la mejilla. —Adiós señora Portier, y gracias. —La mujer levantó la mano y se despidió de mí, al tiempo que yo salía de la casa de Alex.

El camino en bus se hacía largo, bastante largo, pero por suerte llevaba el discman con las canciones de The Smiths, que siempre eran muy buen relajante, porque mi cuerpo era un manojo de nervios.

Bajé a la parada y miré mi casa, que estaba enfrente. Podía parecer que era un hogar acogedor, normal, feliz, pero para mí era el infierno. Mis piernas incluso temblaban al cruzar la carretera, y mis manos apretaban tanto el asa de la mochila que incluso mis nudillos se volvieron blancos. No, no quería volver allí, pero tenía que hacerlo. ¿Dónde iba a vivir si me iba? ¿Dónde iba a dormir? ¿O a ducharme? En ningún sitio.

Abrí la puerta de la entrada lentamente, y me daba miedo que notasen de la forma tan exagerada en la que temblaba, que intentaba disimular apretando las manos en la mochila.

—Hola, Olivia. —Dijeron Jackson y Jamie jugando sentados en el suelo de la entrada. —Te echábamos de menos. —Terminó de decir Jamie.

—Y yo a vosotros... —Susurré con la voz más apagada que podía tener.

Apareció por la puerta con una botella de whisky en la mano, y tragué saliva, porque borracho sus ideas eran aún peores aunque era más fácil desquitarse de él después. Podía sentir cada célula de mi cuerpo encogerse del miedo, y buscar una salida para irme de allí, pero mi mente estaba tan bloqueada que me quedé inmóvil en mitad del salón.

—¿Dónde coño has estado? —Le dio un trago a la botella acercándose al sofá. Era tan habitual verlo así que los niños ni siquiera se inmutaban.

—Trabajando. —Ellos me habían quitado el instituto aquél año, así tendría más tiempo para cuidar la casa en general.

—Tú no trabajas, eres una puta inútil. —No me dio tiempo a reaccionar, a poner las manos en la cara cuando su puño impactó con mi ojo y el pinchazo seguido de un dolor intenso me recorrió desde el ojo hasta la nuca, noté cómo mi cuerpo se tambaleaba, y caí en el sofá desplomada.

Todo estaba oscuro, y escuché las voces de Jackson y Jamie a lo lejos, hasta que me desperté. Al abrir mi ojo, veía totalmente borroso, y comencé a respirar bastante agitada. Me agobiaba, no podía ver, pero me había pasado tantas veces que sabía que volvería a ver al día siguiente.

—Vamos, Olivia, tienes que hacernos la cena. —Los niños tiraban de mí, y a mí me dolía todo el cuerpo. Me levanté del sofá algo aturdida, con un dolor en la cabeza que me hacía querer tirarme al suelo y llorar de dolor.

Llegué a la cocina y me encontré un poco de puré de patatas y un paquete de salchichas. Puse la sartén como pude, y comencé a hacerlas en el aceite. Estaba mareada, tenía ganas de vomitar y acababa de entrar por la puerta de aquella casa.

—¿Qué mierda es esta? —Él entró por la puerta y me cogió la mano lesionada, quitándome la muñequera de un tirón. Me quejé, porque mis manos estaban quebradas y aquella me dolía aún más. —¿Te duele eso, eh? —Cogió mi muñeca y la dobló hacia atrás. El dolor me estaba inundando, me llegaba hasta el codo, me pinchaba la muñeca y comencé a gritar llorando hasta que escuché el crujido de mis huesos partirse. Ni siquiera me dio tiempo a reaccionar cuando cogió mis manos y las puso directamente en el fuego donde estaba la sartén, y aquél grito fue el que realmente reflejaba el dolor que estaba sintiendo. El fuego me abrasaba las manos, y me resbalé, dando patadas por instinto, intentando zafarme de él. No podía más, mis manos estaban literalmente ardiendo en carne viva, y el dolor hacía que me retorciese en el suelo entre lágrimas y gritos. Gregg, dando pasos cortos se me acercó a pesar de ser tan pequeño y se abrazó a mi cuello. Y él no entendía nada, casi no hablaba aún, pero entendía que en aquél momento me estaba muriendo.

Tosí un poco, y cuando abrí los ojos, seguía en el suelo de la cocina, pero ya no había nadie. Las manos me seguían ardiendo como si me acabase de quemar, pero habían pasado varias horas. Me incorporé un poco con las manos hacia arriba, y apoyé la cabeza en el mueble de la cocina. No podía parar de llorar, simplemente, aquello era una utopía en aquél momento. Me levanté sintiendo cada hueso de mi cuerpo crujir, y abrí el grifo del agua fría. Metí las manos debajo, y el agua comenzó a aumentar el dolor de una forma en que busqué el cuello de la camiseta para morderlo, gruñendo por aquél dolor penetrante e insufrible que estaba sintiendo. Como pude, cogí la muñequera que había quedado en el suelo, y a duras penas, la enfundé en la muñeca partida. Me mordía el labio con tanta fuerza al sentir las punzadas y el dolor penetrante en mi mano, que ni siquiera me importó hacerme daño porque así mi cerebro se centraría en otra cosa que no fuese aquello.

*

25 de septiembre de 1997

Al llegar del instituto, dejé la mochila en la cama y bajé corriendo las escaleras porque aquél día mi madre había hecho pasta carbonara, y para ser sinceros la hace cada tres milenios. Chris pasó por mi lado y me subí a su espalda, rodeando su cuello con los brazos con una suave risa.

—Pesas mucho. —Me dijo él y me bajé de su espalda rápidamente, suspirando. —¿Qué te pasa? —Dijo él caminando a mi lado.

—Nada, sólo... —Me quedé en silencio, porque aquella frase me recordaba a lo que siempre me decía Hank.

—Era broma, Alex, estás perfecta. —Asentí un momento antes de sentarme en la mesa al lado de mi hermana Taylor, y mi madre ponía los platos en la mesa.

—Alex, cariño, han llamado esta mañana preguntando por ti. —Fruncí el ceño mirando a Chris. Nadie solía llamar preguntando por mí. —Me dejó el número para que lo volvieses a llamar cuando volvieras del instituto.

—Ahora vengo. —Me levanté cogiendo el teléfono y me encaminé a las escaleras.

—Cariño, se te va a enfriar la comida. —Dijo mi madre desde la mesa y negué subiendo los escalones.

—Luego lo caliento. —Desaparecí para entrar en mi habitación, y marqué el número de teléfono tan rápido como pude. Esperé un poco, hasta que me lo cogieron.

—¿Alex? —Fruncí el ceño.

—Sí, ¿quién es? —Me senté en la cama jugando con el papel entre mis manos.

—Soy John. El encargado de la tienda de discos.

—Oh, hola. —Respondí carraspeando para aclararme la voz. —¿Pasa algo? —Esperaba que no llamase por aquellos 'descuentos' de Olivia.

—Sí, verás. Tú me pediste unos días para Olivia, porque no se encontraba bien y eso... —Me quedé en silencio dejando que él siguiese. —El caso es que, han pasado los días pero... Olivia no ha aparecido por ahí. Y es raro, es una chica muy aplicada. —No quería hablar en aquél momento.

—Vale, veré qué le pasa.

—Gracias Alex.

Y no calenté los espaguetis, porque cogí el coche de Chris tras unos gritos de mi madre y salí corriendo hasta donde estaba la casa de Olivia. O donde se suponía que estaba. Cuando llegué, había un embarcadero frente a las casas de aquella urbanización, y una bicicleta en el jardín tumbada, además de varios juguetes. Me acerqué a aquella casa, y le eché un vistazo. De un golpe la puerta se abrió, y salió un señor de ella. De pelo moreno, grandes manos, corpulento y sudoroso, daba la sensación de estar ahogándose a cada momento.

—Perdone... ¿Sabe dónde está Olivia? —El tipo frunció el ceño.

—¡Olivia no quiere verte! —Levanté un poco la cabeza y en el ojo de buey de la casa, la vi. Me miró un momento y agachó la cabeza, estaba de perfil, pero seguía siendo preciosa. —¡Fuera! —El tipo se acercó a mí con pasos largos y pesados. Cuando me quise dar cuenta estaba sacando una pistola del pantalón, y me metí en el coche lo más rápido que pude.

¿Qué cojones había pasado allí? No sabía si estaba temblando o simplemente era la sensación que me daba, pero antes de entrar a casa suspiré, intentando tranquilizarme un poco. Abrí la puerta y mi madre ya estaba para regañarme.

—¿Dónde estabas? Te has ido sin siquiera comer. —La ignoré y miré a mi hermano que estaba sentado en el sofá.

—Chris, ¿puedes venir un segundo? —Asentí sin apartar la mirada de él, porque era demasiado importante. Él asintió y subió detrás de mí las escaleras, hasta entrar en mi habitación. Cerré la puerta y me acerqué a él acelerada. —Chris, le están haciendo algo.

—¿Qué? —Estaba muy confuso, y frunció el ceño.

—A Olivia, en su casa le están haciendo algo. —Me pasé una mano por el pelo dando vueltas por la habitación.

—Vamos a ver, Alex, cuéntame que ha pasado paso por paso. —Puso las manos en mis hombros y paré de moverme.

—Me ha llamado el chico de la tienda donde trabaja, diciéndome que hoy no ha ido a trabajar. He ido a su casa para ver cómo estaba, si estaba resfriada, enferma, algo. —Suspiré intentando coger algo de aire, y él asintió para que siguiese. —Y cuando estoy parada frente a su casa, sale su padre, Chris, su padre, con una pistola diciéndome que me vaya y que Olivia no quiere hablar conmigo. —Tragué saliva al terminar, comenzando a dar vueltas por la habitación.

—P—Pero...

—Y la vi, la vi por la ventana. Volvía a tener esa cara, ya sabes, no había nada de Olivia en esa chica. —Me mordía el labio del nerviosismo, jugando con mis manos y con mi pelo, porque no podía parar de pensar en aquello. Chris se sentó en la cama con las manos cerradas en un puño en la boca, cerrando los ojos. —¿Qué vamos a hacer? —Él se quedó en silencio mirando al frente, sin decir nada.— ¡Chris!

—¡Estoy pensando joder! —Dijo levantándose de la cama, soltando un suspiro casi exasperado.

—Tenemos que sacarla de ahí. —Dije asintiendo, y él se levantó para salir de la habitación. —¿Dónde vas? —Lo paré en seco.

—No lo sé.

—¿Eres idiota? —Le di un empujón. —¿Sabes lo que es que la persona a la que quieres se calle todo el tiempo, no te diga lo que está sufriendo porque tú estás mal? —Comencé a llorar frente a él, quitándome las lágrimas. —¿Sabes lo que es verle las heridas aún frescas, y que se agarre a ti tan fuerte que te hace daño, porque le duele? —Mi respiración estaba agitada, y Chris negó. —Pues yo sí, y prefiero mil veces que me den una paliza como las que me daba Hank a sentirme así de impotente e inútil.

El teléfono sonó y Chris salió de mi habitación, así que lo cogí yo.

—¿Sí? —Intenté aclararme la voz como pude.

—Alex, soy Olivia... —Dijo ella en voz baja, y apreté los ojos empezando a llorar.

—Olivia... ¿Dónde estás? —Ella se quedó en silencio un momento, y me limpié las lágrimas como pude.

—En casa... —Su voz parecía incluso más rota que la mía, aunque no estaba llorando.

—Sal de ahí, por favor. —El silencio no era incómodo, era para suicidarse.

—No puedo...

—Olivia, por favor... —Apreté las manos en mi pelo, comenzando a llorar de nuevo.

—Tengo que dejarte. Te quie... —Y su voz se cortó.

Capítulo 12

Alex, 25 de septiembre de 1997

El teléfono cayó al suelo en el mismo instante en que me dio el manotazo, y me giré hacia él, aunque fui retrocediendo rápidamente hasta quedar sentada contra la pared.

—¿Qué hacías? —Negué mirándolo, y sentía cómo mi cuerpo comenzaba a temblar de nuevo.

—Nada... —Susurré entre sollozos, porque el simple hecho de verle frente a mí me producía miedo.

Se acercó a mí hasta quedar justo delante y comenzó a quitarse el pantalón, cogiéndome del pelo. Lo aparté fuerte con las manos porque no iba a tolerar aquello, no quería que me tocase, no quería, y estaba harta de que me pegase por nada así que lo empujé. No fue una buena idea. Me cogió del pelo tirando de él y me levantó, golpeándome la cabeza contra la pared varias veces, dejándome absolutamente aturdida. El dolor invadía mis sienes, y casi no podía mantenerme de pie.

—Suéltame... —Musité, pero cuanto más intentaba que me dejase en paz los golpes más fuertes se hacían.

Me dio una patada en la boca del estómago, que provocó una arcada y que cayese de rodillas en el suelo. Una patada en la boca que me destrozó los labios, y de nuevo, otra en la nariz que creí que me la había partido. El dolor inundaba mi cara, no sabía decir exactamente un punto exacto porque era en todo mi rostro, y se expandía aún más cuando las patadas en el costado fueron más fuertes, y me dolía, era insoportable. Yo sólo lloraba, hasta que se separó de mí, dejándome en el suelo. Creí que había terminado, pero no.

Cuando volvió, tenía un bate de aluminio en las manos. Intenté removerme, pero no podía. Echaba sangre por la nariz, la boca, las manos me ardían, y mis costillas apenas me dejaban respirar. El primer golpe se lo llevaron mis piernas, y el segundo también. Me retorcía en el suelo porque aquél dolor punzante y agudo no era normal. Sentía que me estaba rompiendo con cada golpe, y podía escuchar sus gruñidos debido a la fuerza que estaba utilizando para golpearme como si fuese un saco de patatas. Intenté levantarme pero el bate impactó contra mi espalda, y solté un gruñido de dolor porque los golpes iban a mis brazos, a mi espalda, sin discriminación alguna.

Me cogió del pelo y me arrastró por el suelo, comenzando a dar puntapiés contra mi costado, contra mi cara, de la forma más brutal que había sentido, y creí que iba a morir. Mis huesos se estaban quebrando, el dolor me estaba inundando y apreté las manos que se abrasaban de dolor. No podía más, en ese momento quería que me matase por todo el dolor que estaba soportando, y no quería sufrir más. Los golpes se sucedían, pero yo ni siquiera me retorcía, estaba inconsciente. Paró un momento, y comenzó a fumar un cigarro sólo para luego comenzar a quemar mi espalda con él, poco a poco, achicharrando mi piel lentamente, disfrutándolo, mientras yo me estaba muriendo.

Salí corriendo de la habitación y busqué a Chris, que tenía el teléfono en la mano.

—Chris, tienes que llamar a la policía. —Le dije agitada, y él me miró a los ojos dejando el teléfono en la mesa.

—Ya he llamado. —Apretó la mandíbula y yo lo miré, lanzándome a él para abrazarlo.

—Estaba hablando con ella y le han cortado la llamada. —Dije apretando los ojos, sintiendo que todo iba a desvanecerse en ese instante.

—Vamos.

Nos montamos en el coche y mis manos temblaban incluso más que cuando estaba con Hank, estaba asustada, y tenía tan malos presentimientos que no me dejaban pensar con claridad, ni siquiera hablar.

Cuando llegamos a casa de Olivia, había ambulancias, y ni siquiera tuvimos que bajarnos del coche para ver cómo se llevaban esposado al padre y a la madre de Olivia. Comencé a llorar y salí corriendo, pero la ambulancia ya iba camino del hospital.

El llanto me encogía el corazón, y Chris me sujetó por detrás para que no me acercase al coche de policía, pero me deshice de su abrazo y corrí, dándole golpes al cristal.

—¡¡ERES UN MALDITO MONSTRUO!! —Grité antes de que dos policías me cogiesen de los brazos y me apartasen, pero yo no paraba de llorar. Esto había pasado por mi culpa, todo por mi culpa. Si hubiese insistido más en que me dijese qué pasaba, si no me hubiese centrado tanto en mí y en lo que sucedía con Hank, esto no estaría pasando. Todos esos pensamientos me bloqueaban la mente y yo sólo lloraba en el pecho de Chris, que acariciaba mi pelo.

—Shh... Todo estará bien, todo estará bien. —Me susurraba al oído, pero no, nada estaba bien.

*

—¿Familia de Olivia Morgan? —El doctor salió y me levanté en el acto, seguida de Chris. —¿Quiénes sois? —Me limpié las lágrimas antes de hablar, pero Chris habló por mí.

—Somos lo único que tiene. —Me abracé a él y escondí la cara en su pecho, porque no quería hablar, ni que me vieran, ni podía parar de llorar.

—Vale... Está sedada, tiene...

—Si pudiera ser franco, todo sería bastante mejor. —Dije antes de que empezase con las mentiras.

—Está básicamente destruida. Tiene fracturas en todos los dedos, las muñecas, las palmas de las manos quemadas, una pierna partida, las costillas rotas, los brazos, la nariz, lesiones en los riñones pero... Esperamos que se ponga bien. —Chris me sujetó entre sus brazos, y yo me abracé a él sin dejar de llorar un segundo. —Podéis pasar a verla, aunque no está despierta.

—¿Está en coma? —Pregunté separándome, y el doctor negó.

—No, sólo sedada. Pronto despertará, no te preocupes.

Yo sólo quería ver a Olivia, pero cuando entré y vi aquello, lloré incluso más. Estaba demacrada, con la cara casi parcheada, y las partes que no tenían venda, estaban de color morado. Tenía vendaje en el labio, en la nariz, un brazo escayolado, la pierna de la misma manera, y no quería imaginar lo que habría bajo su ropa. Chris salió de la habitación para dejarme privacidad, y me senté a su lado en la cama, con las lágrimas corriendo por mis mejillas, y agaché la cabeza para seguir llorando durante media hora más.

—¿Por qué lloras? —Su voz era ronca y tosió un poco, levanté la cabeza rápidamente y me acerqué a ella, e intenté dejar de llorar, pero era imposible. Me temblaba el cuerpo entero al verla, pero ella, a pesar de tener el labio inferior vendado y el cuerpo hecho añicos, sonreía.

—Por ti... Es mi culpa que estés así, es todo mi culpa... —Me puse las manos en la cara y negué.

—Tú no me pegabas, me pegaba él... —Su voz era tan baja que me costaba escucharla, pero sus ojos, a pesar de estar medio cerrados e hinchados por los moratones, me miraban.

—Llamamos a la policía y... Fueron a tu casa... —Probé las lágrimas saladas que caían por mis mejillas.

—¿Llamaste tú a la policía? —Asentí limpiándome las lágrimas. —Si no lo hubieses hecho habría muerto... Él... Él me pegó muy fuerte. —Decía con la voz tenue y ronca. Pero Olivia iba a empezar a hablar y yo no quería, porque me iba a doler. —Yo sólo quería hablar contigo...

—¿Te pegó por eso, por hablar conmigo? —La culpa me estaba matando, pero ella negó. Sus ojos eran casi negros del tono oscuro que había tomado el morado, y tosió un poco.

—No... Él me pegaba siempre que quería... —Se removió un poco con quejidos, y me quedé sentada a su lado, acariciando el brazo libre que tenía algunos moratones.

—Todo ha pasado ya, ¿me oyes? Todo estará bien. —Ella negó, cerrando los ojos con una mueca.

—No tengo casa. —Cada vez que Olivia hablaba se me rompía el alma, porque no podía respirar bien y le dolía.

—Tienes la mía, te quedarás conmigo. —Acaricié su pelo echándolo hacia atrás un poco, pero ella negaba. —Me da igual lo que me digas, te quedarás conmigo. —Olivia volvía a negar, y suspiré. —Cariño, en este momento no voy a dejar que te vayas. Mi hermano está ahí fuera, y los dos estamos de acuerdo en esto.

—¿Y tu madre? —No abría los ojos, y movía el dedo lentamente.

—No hay problema en eso. —Suspiré mirándola. Chris abrió la puerta de la habitación y Olivia levantó la mano para saludarle de una forma adorable.

—¿Cómo está mi colega en las noches de chicos? —Olivia sonrió un poco pero no mucho.

—Bien... —Susurró ella, y mi hermano se sentó a mi lado, dándole un beso en la frente a Olivia.

—¿Bien? ¿Estás segura? —Le preguntó sonriendo y ella negó.

—Me duele. —Tosió un poco y, cada vez que lo hacía se removía de dolor, y podía sentir cómo mis costillas aún se partían con cada golpe de Hank, y sabía cómo dolía aquello.

—¿Qué te duele? —Dijo Chris, frunciendo el ceño.

—Todo. —Nos quedamos mirando a Olivia, y ella simplemente tragaba un poco de saliva de forma pesada.

—¿Quieres un poco de agua? —Pregunté cogiendo la botella que estaba en la mesa, y le puse la pajita viendo cómo asentía. La puse en sus labios y ella comenzó a sorber un poco, bajo mi mirada, y sonreí un poco porque parecía estar bien, y por fin todo había acabado.

Llamaron a la puerta y miré a Olivia, que estaba con los ojos cerrados. Cuando abrí la puerta, vi a un policía detrás de ella, con un niño de no más de dos años mirándolo perplejo.

—¿Está Olivia Morgan? —Asentí y dejé espacio para que entrase con el niño, que soltó un grito a ver a Olivia.

—Hey Gregg... —Olivia estiró un poco el brazo hacia él, que sonreía y cuando el policía lo dejó en el suelo fue hasta la cama de Olivia. No tenía ni idea de quién era. —No puedo cogerte, pequeño.

—Liv. —Dijo él, y Olivia comenzó a llorar. Levanté al pequeño y lo puse a un lado en la cama para que Olivia pudiese verlo.

—¿Qué has dicho? —Le acarició el pelo con los dedos de forma torpe y lenta, mientras Chris y yo nos mirábamos.

—Liv. —La señaló, y comenzó a hacer pucheros al verle la cara a Olivia. —¿Pupa? ¿Papi? —Olivia asintió. —Malo.

—¿Quién es, Olivia?

—Es mi hermano. —Olivia acariciaba la mejilla del pequeño, que quiso inclinarse hacia ella para abrazarla por el cuello. Ella estaba llorando, y le acarició el pelo lentamente, como podía, porque en su estado casi no podía ni respirar.

Tras un rato, bajé al pequeño de la cama y fruncí el ceño, cogiéndole de las manitas.

—¿Y tú qué haces aquí? —El niño me miraba con los ojos abiertos pero Chris se levantó, cogiéndolo en brazos.

—Vámonos fuera. —El pequeño se revolvía, pero era mejor así. Volvía a estar a solas con Olivia.

Estaba tumbada en la camilla, y tenía los ojos cerrados. No sabía si era mejor así, porque su ojo... Su ojo parecía estar ensangrentado, con algunas postillas de sangre que demacraban su cara. Cuando vio a Gregg marcharse, quiso hablar pero me levanté negando, poniendo una mano en su hombro.

—Sh, no, necesitas descansar. —Dije asintiendo, y ella también asintió de una forma más ligera.

El pitido del monitor que controlaba sus pulsaciones se me clavaba en el cerebro, y lo odiaba. Alex odiaba porque ese ruido típico de hospital casi me anunciaba que Olivia estaba a punto de morirse, y yo no podía, no podía soportarlo. No podía soportar verla así en la cama, totalmente destrozada por un psicópata sin escrúpulos como era su padre. Era débil, Olivia era débil. Ella ni siquiera podía cogerme en brazos o no sé, algo tan simple como abrir un bote de pepinillos. ¿Cómo iba a defenderse de un hombre de cuarenta años que pesaba el triple que ella? La dejaban sin comer durante días, y sus huesos eran frágiles, tan frágiles que muchas veces temía que al sentarse se hiciese daño. No me gustaba verla así, no. Estaba casi muerta, con cada parte de su cuerpo hecha polvo, marcada por las manos de un enfermo que no debía ni siquiera mirarla.

—Te quiero... —Susurré cuando ella ya dormía, dándole un beso en la parte de su mandíbula que no tenía rastro alguno de moratones o golpes. Ella no dijo nada, porque estaba demasiado agotada como para seguir despierta.

En la mesita de al lado, estaban sus cosas, y quizás no debería hacerlo pero... Miré su mochila, y allí estaba su cuaderno. Olivia me iba a matar si se enteraba de que había hecho aquello, pero en aquél momento necesitaba leerla, saber lo que pensaba.

"Tiene la sonrisa más bonita que haya visto jamás. Y sus ojos sonríen con ella cuando lo hace, además, su risa es contagiosa y agradable. Me gustaría hacerla reír toda la vida con mis tonterías, aunque ahora ya no hago muchas bromas, pero estoy segura de que ella se reiría. La quiero, la quiero muchísimo. Y me está matando cada segundo no poder decirle lo que de verdad me está pasando para que pudiese ayudarme. Quiero que me ayude, porque necesito salir de aquí, pero no quiero que ella sufra. Verla todos los días reír después de lo que pasó con Hank es un regalo, y no quiero hundirla conmigo en esto, no puedo meterla en todo esto.

No sé cómo Alex puede besarme, o puedo gustarle. Ella es perfecta en todos los sentidos. Su mente es preciosa, y su rostro no se queda atrás."

"¿Por qué la gente cree que tengo algún problema? Todos me preguntan si tengo autismo, o incluso Alex cuando me conoció me preguntó si tenía algún problema o si era así. Simplemente digo que no, pero la realidad es que no tengo fuerzas para actuar con normalidad y me quedo apagada, tan apagada que muchas veces me cuesta hasta seguir respirando."

Pasé las páginas para atrás, volviendo al principio.

"¿Cómo puedo salir de aquí si estoy sola? ¿Cómo puedo dejar de estar así si no tengo a nadie? Me gustaría ser como una de esas chicas que van al cine con sus amigas, o tener amigas en general. Me gustaría que hubiese ese alguien especial, que me sacase de todo esto. Me gustaría que todo parase, que dejase de doler, que el infierno terminase y poder ser una adolescente normal. Me gustaría que alguien me quisiese de esa forma, y dejar de sentirme como si no valiese nada. Quiero sentirme especial, quiero sentirme única. Quiero saber qué es eso de besar a alguien, quiero sentir algo. Pero por suerte o por desgracia, estoy sola."

Un montón de letras de canciones rellenaban las páginas, con borrones y tachones, y miles de palabras sueltas escritas por las páginas.

I remember tears streaming down your face,
When I said I'll never let you go.
When all those shadows almost killed your light,
I remember you said don't leave me here alone,
But all that's dead and gone and past tonight.

Just close your eyes,
The sun is going down.
You'll be all right,
No one can hurt you now.
Come morning light,
You and I'll be safe and sound.

Don't you dare look out your window,
Darlin' everything's on fire.
The war outside our door keeps raging on,
Hold on to this lullaby.
Even when the music's gone, gone....

Just close your eyes,
The sun is going down.
You'll be all right,
No one can hurt you now.
Come morning light,
You and I'll be safe and sound....

Just close your eyes,
You'll be all right.
Come morning light,
You and I'll be safe and sound....

Y añadía debajo,

"Así es como Alex me hace sentir, por primera vez siento que tengo algo a lo que aferrarme, algo que me protege y que me hace sentir que todo estará bien."

Y dibujos, y hojas que encontraba bajo los árboles tras su casa, o arena blanca de la playa pegada a la hoja.

"Alex es arte, la forma de pensar, de hablar, la hace arte. Es única, y eso me gusta de ella, es lo que más me gusta de ella. Con una simple frase puede darte lecciones sobre la vida, por eso hablo poco con ella. Simplemente me siento y la escucho, porque es admirable encontrar a una persona así. No quiero que se vaya de mi lado, no quiero perderla, porque por mucho que quiera besarla y que me quiera de esa manera, prefiero mil veces tenerla en mi vida a que desaparezca. Me gusta su mente, es como el mundo entero abierto en su cabeza. Ella te dice lo que piensa, pero no le quita la opinión a los demás. Alex es perfecta, Alex es arte."

Y ella también tenía una mente maravillosa.

Me limpié un poco las lágrimas y guardé su cuaderno, sentándome a su lado para observarla dormir. Olivia era arte, lo era pero no lo sabía aún. Olivia utilizaba las palabras como quería, tenía poesía en la mente pero ella ni siquiera se daba cuenta de lo que estaba haciendo. Olivia tenía el don de expresar sus sentimientos tan Claramente que incluso a mí me sorprendían, su corazón estaba plasmado en ese cuaderno en forma de arte, como ella bien me describía.

Le coloqué bien el cuello del camisón, que tenía mal puesto y probablemente le molestaría bastante. Quería a esa chica tanto, que no me podía imaginar querer a alguien de aquella manera en sólo dos meses. Habían pasado demasiadas cosas entre nosotras, y había momentos en los que sentía ganas de gritar de todas las cosas que estaba sintiendo a la vez.

Olivia abrió los ojos lentamente, y lo noté por los quejidos que salieron de su garganta al despertar. Incliné un poco el cuerpo y besé su mano posando mis labios suavemente en el dorso de esta, mirándola con una sonrisa.

—Hey... ¿Mejor? —Dije sonriendo, pero ella sólo sonrió un poco tocándose la goma que tenía en la nariz para poder respirar. —No, no te la puedes quitar. —Dije incorporándome. Una de las bolsas que tenía a los lados de suero iba a caerse, y cuando me levanté para colocarla bien, Olivia hundió el cuello instantáneamente cerrando los ojos. —Eh, eh, eh, tranquila, soy yo. —Dije agachándome para besar su frente, acariciando su brazo con cuidado. —No voy a hacerte daño, eso se terminó, ¿vale?

—Vale... —Dijo con voz ronca, tosiendo un poco. Lo raro es que no tosía, cerraba los ojos y lo aguantaba en el interior, provocando que se acalorase. Conocía esa sensación, porque al toser las costillas casi hacen que se muriese de dolor.

—Cuando estés bien te dejaré tocar el piano en casa para que puedas cantar, ¿vale? —Sonreí, intentando estar positiva delante de ella. No quería que se hundiese más si me veía triste.

—No... No sé tocar el piano. —Fruncí el ceño abriéndole la puerta a la enfermera, cogiendo la bandeja con el almuerzo. Saqué la mesa y desplegué el soporte que tenía para que los pacientes pudiesen comer, subiéndole un poco la camilla a Olivia, e incorporándola. Ella soltó un suspiro. —Mejor.

—¿Cómo que no sabes tocar el piano? ¿Y qué hacías el otro día tocando entonces? —Dije abriéndole el plástico que cubría la sopa, y la removí un poco. —¿Sentada estás mejor? —Pregunté cogiendo la cuchara, acercándosela a la boca. Ella la tomó entre los labios para comer un poco.

—Tocaba las letras que me sonaban bien. —Dijo Olivia, saboreando la sopa un poco. Me encantaba verla comer, porque ella disfrutaba comiendo. A Olivia le gustaba saborear la comida, incluso si luego decía que no le gustaba, era asombroso.

—Si quieres... Puedo tocar yo el piano, y tú puedes cantarme una de tus canciones, ¿qué te parece? —Sonreí un poco dándole una cucharada, y ella sonrió un poquito, asintiendo.

—Vale Alex... —Dijo comiendo un poco más.

—Vale Olivia.

Capítulo 13

Olivia, 2 de octubre de 1997

Me di cuenta en aquella semana, de que a Chris le gustaba mucho quedarse en silencio mirando por la ventana, o la verdad es que no sabía si le pasaba algo. Él siempre insistía en quedarse conmigo a dormir para que Alex pudiese descansar, y yo insistía en que los dos se fuesen porque estaba bien sola, y allí nada malo podía pasarme.... O eso esperaba. Pero Alex era más cabezota que su hermano, y dormía en el sillón de mi lado todas las noches.

Aquél día, Alex había salido a por algo de comer mientras yo estaba en la habitación. Muchas veces no sabía si llorar de dolor o de rabia contenida, pero simplemente optaba por quedarme en silencio mirando al frente. No podía mover ninguna de las dos manos, un brazo escayolado y la otra mano destrozada era lo que tenía. Aún seguía asimilando todo lo que había pasado, y es que aquella última paliza había sido.... La peor, con diferencia. No por lo que me había hecho, sino porque él no se cansaba de pegarme. Y no paraba, no quería parar. Las veces anteriores, durante todos aquellos años, él paraba al llegar a un punto y me dejaba en paz hasta el día siguiente, pero aquél día.... No podía parar de golpearme, y llegué a pensar que iba a morir, porque hasta después de desmayarme, según me dijeron, siguió pegándome.

El sonido de la puerta abriéndose me sacó de mi nube, y vi a Alex sonriente con la bandeja de la comida entrar en la habitación, aunque llevaba a Taylor al lado.

—Hola, Olivia. —Me saludó su hermana con una sonrisa, y yo levanté la mano con cuidado moviendo los dedos para saludarla algo tímida, no me hablaba mucho con ella.

—¿Te acuerdas de mi hermana, Taylor? —Preguntó Alex poniendo la bandeja en el tablón que utilizaba como mesa, y asentí lentamente. Me habían quitado el vendaje del labio y la nariz, así que al menos, estaba un poco más cómoda.

—¿Cómo estás? —Preguntó Taylor, sentándose al otro lado en el que estaba su hermana que abría el bol de sopa y me aclaré un poco la voz sin que se notase. Alcé los hombros y la miré, a lo que ella asintió. —Vale, pregunta idiota.

—No suele hablar mucho en general, es más bien.... Reservada. —Alex me acercó la cuchara y comí un poco, sonriéndole ante las palabras.

—Me imagino, eso debe marcar mucho. —Dijo su hermana, y asentí a sus palabras. Era la primera persona que entendía aquello de que era así por las circunstancias, no por mi personalidad, ni un capricho.

Alex me dio otra cucharada, y yo permanecía en silencio porque tenía demasiada hambre.

—Tay... —Dijo Alex, carraspeando un momento. Yo me quedé en silencio, porque esos tonos en la conversación significaban que iba a pasar algo y no sabía si me iba a gustar o no. —Tengo que.... Tengo que contártelo. —Suspiró ella, mirando a su hermana.

—¿Qué me tienes que contar? ¿Eres lesbiana? —Se echó a reír y Alex se quedó en silencio cerrando los ojos. —Espera, ¿eres lesbiana? —Su hermana abrió los ojos y Alex seguía con los ojos cerrados asintiendo mientras se humedecía los labios.

—Bueno, no lo sé en realidad. Sé que quiero a Olivia, y ya está. Pero nunca he estado enamorada de esta forma, ni atraída por Hank, ni por ningún chico. —Su hermana no sabía qué decir, y yo permanecía en mitad de la escena sin saber qué hacer.

—¿No estabas enamorada de Hank? —Alex se quedó en silencio negando, poniéndose las manos en la cara.

—Él.... Él era cruel. —Dije yo, apretando los dedos de la mano vendada en las sábanas. —Muy cruel.

—¿Qué quiere decir con eso? —Le preguntó a Alex y yo negué, retirando la mirada y agobiándome al instante al pensar en todo lo que había pasado con Hank.

—¿Recuerdas cuando os dije que estaba en el hospital porque me caí de la moto de Charlie? —Taylor asintió, y yo jugaba con un trozo de pan entre las manos intentando relajarme, apretándolo para no empezar a gritar. —No me caí de una moto, Tay. Me pegaba, y no un guantazo. —Alex negaba y estaba al borde de las lágrimas, que se resistían a salir de sus ojos. —¿Recuerdas la vez que me despertaste para que me fuese con él a cenar? —Alex reía con tanta tristeza que no podía soportarlo. —Me dejó inconsciente, no estaba dormida.

—Alex.... —Su hermana cerró los ojos y negó lentamente, levantándose luego para ir con su hermana. Se abrazaron frente a mí, y yo sólo podía mirarlas en silencio, enterneciéndome aquella situación. —¿Por qué no nos lo contaste?

—Tenía miedo. —Dijo Alex, que sollozaba un poco, y el abrazo se hizo algo más largo y más fuerte. Al separarse, se limpió un poco las lágrimas y me miró. —Y después de todo.... Ella pasó. —Me miró y yo alcé la mano para saludar con los dedos lentamente, bajando la mirada a la sopa que me estaba comiendo. Cogí la cuchara con los dedos y con cuidado de que no me temblase la mano me la llevé a la boca, humedeciéndome los labios. —Lo siento, cariño. —Dijo ella frunciendo el ceño, sentándose a mi lado para darme de comer, pero negué, no quería romper el momento.

Taylor se fue, y yo me quedé sentada en la cama, observando a Alex quitarse los restos de maquillaje que tenía en la cara con una sonrisa, mirándome, aunque yo estaba bastante triste en aquél momento. Además de que me dolían las costillas al hablar, las piernas y puntos de sutura, no podía estar peor en aquél momento.

—¿Te pasa algo? —Alex se acercó a mí, pasando una mano por mi pelo y asentí. Giré un poco la cabeza, respirando por la boca a pesar de que me escocían los labios al hacerlo, y no sabía cómo hacer que ese dolor parase. —¿Qué ocurre?

—Echo de menos a mi hermana. —Susurré en voz baja, apretando los ojos. Comencé a sollozar un poco, aunque levemente porque me dolían las costillas al hacerlo. Me abrazó contra su pecho como pudo, y me quedé llorando en silencio, porque por mucho que quisiera ocultar esos sentimientos, siempre salían a la luz y lo odiaba.

—Está bien, Olivia, ella está mejor ahora. —La aparté de mí con el brazo escayolado, enfadada.

—Está muerta, Alex. Muerta. —Mi respiración era inestable, pero era por el enfado momentáneo. —¿Te calmarías si te dijera que tu hermana muerta está mejor ahora? —Y entonces me di cuenta de que Alex no lo había hecho con esa intención, porque el gesto arrepentido y triste de la chica me removía por dentro.

—Lo siento. —Dijo ella negando, y sacudí la cabeza.

—Perdóname. —Dije en una voz baja, mirándola a los ojos arrepentida. Estaba alterada, entre el dolor que sentía y cómo me sentía, estaba a punto de saltar por los aires.

—Ha sido una frase estúpida. —Susurró ella, acariciándome el brazo con suavidad.

En aquél momento la enfermera entró por la puerta y fruncí el ceño, porque no debería de estar aquí.

—Bueno, Olivia.... Tengo que decirte que mañana tienes que abandonar el hospital. —La enfermera se puso las manos delante, cruzándolas.

—¿Qué? —Dijo Alex levantándose, y negó. —No pueden echar así a la gente del hospital.

—Le hemos dado una atención básica. Pero no tiene dinero para pagar todo, ni padres. —La enfermera negó mirándome con pena, y odiaba esa mirada. Me froté la mejilla con un dedo, mirando a la ventana. Sabía que no debería haber dicho nada, sabía que todo iba a ser peor si lo contaba, porque ahora no tenía casa y no tenía con quién irme.

*

Alex, 2 de octubre de 1997

Entré en casa algo cansada, sólo iba a darme una ducha y poco más, pero mi madre estaba allí en la cocina. Intenté pasar pero.... Ella se dio la vuelta para mirarme. Odiaba eso porque siempre venía una charla detrás de aquél silencio.

—¿No tienes nada que contarme? —Dijo ella poniendo los platos en la mesa y fruncí un poco el ceño.

—¿Qué tengo que contarte? —Pregunté, dejando las llaves en la mesa de la entrada.

—Olivia. —Aquello hizo que mi cuerpo temblase y el calor inundase mi cuerpo de puro nervio.

—¿Qué le pasa a Olivia? —Dije carraspeando, guardando las manos en los bolsillos de mi chaqueta porque empecé a temblar.

—Su padre casi la mata. —Suspiré cerrando los ojos, echando la cabeza hacia atrás. —Está en el hospital, muy mal, y no tiene donde quedarse.

—¿Pero no está en el hospital?

—No la dejan estar allí porque no tiene cómo pagarlo, así que la echan. —Mi madre me miró apretando los labios. —Si se pudiese quedar aquí.... No hace mucho ruido, ya lo sabes.

—Claro, claro que se puede quedar aquí. —Solté un suspiro, pero en aquél momento no sé qué pasó, que quería sincerarme de aquella manera con mi madre.

—Mamá. —La llamé apretando las manos en el borde de la silla, mordisqueándome el labio.

—Dime. —Dijo ella, poniendo un trozo de lasaña en cada plato que había en la mesa.

—Sabes.... Olivia es muy especial para mí. —Empecé a decir, carraspeando un poco. —Muy especial. —Ella levantó la mirada con una mueca extraña, pero no paró de hacer sus labores. —Yo.... Ella.... Me da cosas que nadie me había dado antes, y me hace sentir una persona, por primera vez. —Mi madre tenía la espátula en la mano mirándome perpleja.

—¿Qué quieres decir con eso? —Preguntó frunciendo el ceño y yo apreté los dedos en la silla, con un nudo en la garganta que quería deshacer.

—La quiero. La quiero más que a Hank, y estoy.... Estoy enamorada de ella. —Sentí que me quitaba un peso de los hombros al decirlo, y mi madre no movió un músculo de su cara.

—Olivia no puede quedarse aquí. —Se dio la vuelta y mi cara se cayó al suelo.

—¿¡Qué!? ¿¡Qué coño estás diciendo!? —Dije dándole la vuelta a la mesa mirándola, pero ella ni siquiera se alteraba.

—Que no puede quedarse aquí, ya te lo he dicho. —Mis hermanos y mi padre bajaron por las escaleras, y yo me alejé de mi madre, porque no quería otra reprimenda por parte de mi padre.

Al sentarnos, mi pierna iba más rápido de lo que podía, y al contrario que otras veces, mi madre no me echó bebida en el vaso, sólo me dejó la jarra al lado para que me echase. Mi hermano me miró y yo giré la cabeza para mirar por el jardín, apretando los nudillos entre mis manos.

—Alex, ¿te pasa algo? —Preguntó mi padre, y negué, comiendo un poco de la lasaña. Chris puso una mano en mi pierna, abriendo los ojos para que parase de hacer aquello, pero en aquél momento no me podía sentir peor.

—¿Cómo está Olivia, Alex? —Preguntó Chris, y me encogí de hombros porque a nadie le importaba ella.

—Es mucho peor que lo que le hacía Hank a ella. —Apreté el mantel de la mesa y giré la cabeza hacia mi hermana. No sabía tener la maldita boca cerrada.

—¿Qué? —Dijo mi padre, con el semblante serio y mi madre casi palideció.

—¿Hank te pegaba? —Dijo mi padre, y cerré los ojos mirando hacia otro lado, asintiendo. —¿Por qué no nos lo dijiste, Alex?

—Porque yo era la hija perfecta. Tenía al novio perfecto, con notas perfectas, preciosa, y hacíamos una familia ejemplar, ¿verdad mamá? —La miré apretando la mandíbula, y ella rehuyó mi mirada. —Y sí, ese novio que era perfecto, en realidad era un maltratador, justo como el padre de Olivia. ¿Sabes por qué no quería ir a la playa? Porque estaba llena de moratones, mamá. Porque tenía el cuerpo entero marcado con golpes. ¿Sabes que no me caí de una moto, y que fue mi novio el que se lio a patadas conmigo? —Reí un poco apretando la mandíbula.

—Alex. —Se levantó mi padre para abrazarme, pero yo no podía dejar de llorar. Me aparté de él, porque quería abrazarme.

—Y sí, a Olivia le han pegado mil veces más que a mí, tanto que casi se muere. La tenían sin comer días, y cuando a su padre le apetecía la torturaba. —Estaba empezando a llorar con la respiración agitada, negando. —Y tú, vas a dejar que ella se quede en la calle con el cuerpo hecho añicos sólo porque la quiero. —Me di la vuelta y miré a mi padre, pero no sabía cómo descifrar su mirada. Salí de casa a caminar por el vecindario, y despejarme de todo aquello. Ya sí que no sabía qué hacer, Olivia estaba en la calle, y yo con ella.

Alex, 3 de octubre de 1997

La habitación de aquél hotel no era un palacio pero, daba para que Olivia pudiese dormir y llevarla con la silla de ruedas. Ella sonreía, y creo que era porque por fin había salido de ese infierno, aunque a mí me seguía preocupando el tema de su salud y una casa donde vivir.

—Es bonita. —Decía ella, y la cogí con cuidado de las caderas, poniéndola de pie. Casi abrazada a mí, comenzó a dar pequeños saltos con los ojos cerrados a la pata coja, porque la pierna 'buena' también le dolía.

—Sh, tranquila. —Susurré en bajo, tumbándola en la cama del hotel. A decir verdad, era bastante grande para ser una habitación de hotel por aquél precio. Pagábamos 15 dólares cada una, pero así no podíamos estar siempre.

—Siento lo de tu madre. —Dijo ella con la voz algo tomada por los quejidos, y pasé una mano por su labio al ver que lo tenía aún ensangrentado con aquellas tiras de color blanco.

—No me importa ella ahora mismo. —Dije suspirando, pasándome las manos por la cabeza. —Me importas tú, que estés bien. —Dije girándome para mirarla. Aquella postura le dolía a Olivia, y no me había dado cuenta de que la había tumbado de nuevo cuando ella me dijo que aquella postura le hacía daño. La sujeté con las manos en su espalda y le puse varios cojines que la sujetasen, quedando así sentada mirándome.

—¿Mejor? —Ella asintió. Me levanté de la cama y cogí una caja de lata con un estampado de naranjas, y se la puse al lado en la cama.

Olivia miró a la caja, y luego me miró a mí.

—Es tuya, o eso me dijeron. —Reí un poco y la cogí, abriéndola poniéndola encima de su regazo. Quité la tapadera con cuidado, y pude ver los discos que yo le había regalado, el discman, envoltorios de caramelo, un folleto de The Smiths, varias películas, un comic antiguo de Watchmen y lo que cogió con la mano vendada fue una pulsera muy pequeña. Al verla, Olivia se quedó en silencio, sonriendo, acariciándola entre las manos.

Mientras observaba todo aquello, Olivia empezó a llorar sin hacer ningún ruido, simplemente mirando la caja y observando las cosas que había en ella.

—¿Estás feliz? —Pregunté en voz baja, y ella asintió mientras mi mano acariciaba la parte de atrás de su oreja, dándole un beso en la mejilla. —Te quiero mucho. —Susurré en su oído, y ella asintió. Mis labios rozaron su mejilla para terminar en un beso suave, delicado, acorde con su sonrisa.

—Me haces muy feliz. —Dijo con la voz tomada. Y a pesar de tener el ojo morado, de que sus labios estuviesen resquebrajados y su cuerpo lleno de hematomas, la quería.

Acerqué mis labios a los suyos y los presioné con suavidad, haciendo que nos fundiésemos en un beso dulce pero a la vez delicado. La besaba con cuidado de no hacerle daño en el labio, y de que ella se sintiese bien, porque todo iba a ir bien a partir de entonces.

Aquella noche, pedimos pizza hawaiiana, que por lo visto y gracias a mi hermano se había convertido en su favorita. Le daba los trozos con cuidado, aunque al final, tuve que cortar las porciones en trozos más pequeños para que sus dedos pudiesen cogerlo sin hacer mucho esfuerzo y llevárselos a la boca. En la tele, el precio justo, y a mi lado Olivia comiendo sin rechistar.

—Olivia.... —Dije poniendo una mano tras sus hombros, haciendo que me mirase. Aún me dolía verla así de rota, pero me hacía gracia porque buscaba la pajita del batido con la boca y era muy graciosa. Le coloqué el vaso en la boca para que bebiese, y lo retiré. —¿Estás segura de que no tienes ningún familiar? —Pregunté bebiendo un poco del batido, y ella me miró comiéndose un trocito de pizza con dos dedos. —Necesito que me lo digas porque.... Esto no va a durar siempre. —Suspiré, y apoyé la cabeza en el cabecero de la cama.

—Mis padres están en Cuba. —Casi escupo el batido al escuchar aquello.

—¿Padres? ¿Qué padres, Olivia? —Ella me miró con la cabeza gacha y sus dedos comenzaron a pellizcar la sábana.

—Mis padres nos mandaron a mi hermana y a mí aquí porque allí no podían cuidarnos. —Parpadeé varias veces porque simplemente no podía creerme lo que estaba escuchando. —No teníamos mucho dinero, nada, casi. Y mi hermana y yo vinimos aquí, y nos mandaron a una casa de acogida. Lo que no sabían mis padres es que aquí lo íbamos a pasar peor que allí.... —Susurró, y dejé el batido en la mesita de noche.

—Olivia, Olivia, escúchame.

—No, mis padres no pueden venir, no tienen documentación y todas esas cosas, y además no tendrían dinero. —Negó, y suspiré.

—Cariño.... Tú eres estadounidense. Esa gente que te acogió te dio la nacionalidad, y ahora necesitas a tus padres biológicos, entonces ellos vendrían aquí contigo porque eres menor y aún más después de todo lo que ha pasado. —Dije cogiendo su cara entre mis manos. Comenzó a hacer pucheros arrugando la barbilla y curvando los labios hacia abajo, empezando a sollozar.

—¿De verdad? —Asentí limpiándole las lágrimas, abrazándola con todas mis fuerzas.

Capítulo 14

Alex, 18 de octubre de 1997

Simplemente entraba a mi casa cuando creía que no había nadie, sólo para ducharme, lavar la ropa, coger mudas nuevas y todo a la velocidad de la luz, aunque Chris se quedaba con Olivia en la habitación del hotel.

Tras darme una ducha y salir de esta con una muda nueva, metí algo de ropa en la mochila y me paré en la cocina. Tenía bastante hambre, así que cogí un sándwich de la nevera, y la verdad es que sí echaba de menos la comida de mi madre. Me relamí un poco quitándome algo de salsa del labio y suspiré tan pesadamente que me quedé en silencio un instante. Odiaba aquello, odiaba estar así. Sí, quería ayudar a Olivia y sí, me encantaba hacerlo y verla feliz, pero aquella situación con mis padres me derrumbaba. Mi madre ni siquiera quería verme, y yo no quería verla a ella.

—¿Alex? —La voz grave de mi padre bajó por la escalera, y rápidamente me tensé al verle.

—No quería molestaros, ya me voy. —Dije dejando el sándwich en el plato, colgándome la mochila al hombro.

—Cielo, no te vayas. —Se acercó a mí en la cocina y me paré, dejando la mochila de nuevo en el suelo.

—Sé que mamá y tú no queréis verme, ni queréis entenderlo. —Apreté la mandíbula mirándolo a los ojos, y luego retiré mi vista para desviarla hacia el jardín.

—Habla por tu madre, no hables por mí. —Respondió él. Rápidamente mis alarmas saltaron, rompiéndome todos los esquemas que me había hecho en la cabeza desde que hacía dos semanas decidí irme al hotel con la que esperaba, que fuese algo más que esa amiga a la que besaba.

—¿Qué? —Pregunté sin más.

—Te quiero, Alex. Soy tu padre, y tú siempre vas a ser mi hija. —Sus manos tomaron mis mejillas y me miraron a los ojos. —Chris me contó todo lo que te había pasado con Hank. ¿Por qué no nos lo contaste? Lo habría matado. —Su rostro estaba enfadado, pero no, no era conmigo. —Prefiero que seas feliz con esa chica a que estés con un chico que te maltrata, o a que no estés feliz con nadie. Importas tú, ya está. —Mis ojos se pusieron vidriosos, y evité mirarlo porque estaban empezando a caer lágrimas de mis ojos hasta chocar con las manos que tenía en mis mejillas. —Tuve una hija para que fuese feliz, para ver cómo crecía y que me quisiese, no para verla con sus novios. A los que sinceramente me daban ganas de matar porque eres mi pequeña, y siempre lo serás. —Me abalancé a los brazos de mi padre, que me envolvió entre estos acariciándome el pelo con la mano. —Y, Chris me dijo que dejaste que ese tipo te pegase para que no fuese a por Olivia, ¿no es así? —Asentí con los ojos cerrados mientras lloraba, porque aquél recuerdo me hacía sufrir demasiado. —No te sientas culpable, porque por tu madre habría hecho lo mismo.

Tras aquellos minutos abrazados, en los que él me trataba como si aún fuese su niña pequeña, me separé un poco intentando quitarme las lágrimas de los ojos.

—¿Cómo está Olivia? —Preguntó él, sentándose frente a mí en la mesa con otro sándwich y sonreí un poco.

—Está bien, sólo.... Ya sabes, tiene secuelas. —Me mordí la cara interior del labio. —Además, no se puede mover muy bien con la silla de ruedas, y todo es un lío.

—¿Qué tipo de secuelas? —Me preguntó mi padre mientras comía, y bajé la mirada al plato.

—Por ejemplo.... Se despierta por las mañana a las seis y me dice que es para hacer el desayuno. O.... Si levanto el brazo, agacha la cabeza. No habla mucho, ahora mismo no le gusta que la toquen, no puedes gritar a su lado porque.... —Suspiré negando. Cuando alguien gritaba a su lado, se agachaba y se tapaba los oídos, y eso era algo a lo que jamás iba a acostumbrarme.

—¿Tanto tiempo fue? —Preguntó mi padre, y asentí quitándole los bordes de pan al sándwich.

—Cinco años. Papá, esas personas la tenían sin comer días. —Mi padre me miraba de una forma tan seria que me daba miedo. —No había probado nunca ni el helado, ni la pizza, nada. —Negué apretando las manos en la mesa. —Hasta que la conocí.

—Por lo que me dices debería estar en un psiquiátrico. —Dijo él, y negué mirándolo a los ojos.

—Papá, esa chica compone canciones de la nada. Sin música, escribe y luego coge el piano que tenemos arriba y le pone música. Tiene un cuaderno que no me deja leer, pero cuando duerme lo cojo y.... Dios, todo lo que no dice lo escribe ahí. Y es muy buena escribiendo lo que siente. —Susurré bajando la cabeza, dándole un pequeño mordisco al sándwich.

—¿Puedo conocerla?

*

Abrí la puerta de la habitación de hotel con cuidado, y Olivia estaba sentada en la silla de ruedas mirando la tele y cuando abrí la puerta, abrió completamente los ojos; estaba igual de sorprendida y casi asustada que yo.

—El gran Josh. —Dijo Chris saltando de la cama para ponerse de pie delante de nosotros.

—Hola señor Portier. —Olivia levantó la mano vendada para saludarlo con los dedos casi con temor, y con una pierna se puso de pie, tambaleándose un poco.

—No hace falta que te levantes, Olivia. —Dije poniendo una mano en su cintura para agarrarla y mi padre le dio dos besos a la chica que sonrió.

—Encantado, Olivia. —Mi padre sonrió, y Olivia estaba sonriendo totalmente sonrojada.

—No viene a decirte nada, ni a regañarte, quería conocerte. —Le dije riendo un poco, porque la reacción de la latina era bastante normal al tener a un hombre tan corpulento como era mi padre delante de ella.

—Encantada de conocerle. —Dijo ella sonriendo un poco, y la senté en la silla de ruedas. Mi padre, Chris y yo tomamos asiento frente a ella, y casi parecía que estábamos interrogándola. Olivia no podía esconder su cara, pero podía notar la vergüenza que le daba que la mirasen tres personas a la vez, incluso si yo la miraba fijamente, me decía que parase.

—¿Cómo te sientes? Vas a ver mañana a tus padres por fin. —Dije cogiéndole la mano, y ella sonrió aún más ampliamente.

—¿Qué padres? —Mi padre frunció el ceño y me giré hacia él.

—Ella era adoptada aquí, pero tenía a sus padres en Cuba. La mandaron aquí porque, ya sabes, no tenían dinero suficiente para criar a dos niñas. —Mi padre seguía frunciendo el ceño y Olivia asentía.

—Esa es mi vida. —Dijo ella, sonriendo a pesar del corte color marrón oscuro de sangre que tenía en el labio y otra en la frente.

—¿Dos niñas? —Preguntó él, y giré mi mirada hacia Olivia sin decir nada.

—Mi hermana murió un poco antes del verano. —Susurró agachando la cabeza, y nos quedamos todos en silencio. No sabía qué le pasaba a Olivia por la cabeza en aquellos momentos, pero ella simplemente negó. —Estoy nerviosa por verlos, pero cuando lleguen aquí.... Van a seguir sin trabajo, y aún más porque no saben inglés y.... —Apretó los ojos y puse las manos en sus rodillas, negando.

—Eh, mírame, todo saldrá bien. —Pero ella negaba y sus manos estaban casi muertas encima de las mías, sin hacer nada.

—¿En qué trabaja tu padre, Olivia? —Ella se encogió de hombros y negó con una débil sonrisa.

—De lo que sea. —Respondió mirando a mi padre. —Pero no saben hablar inglés.

—Pero yo puedo hablar español. —Dijo él, y sonreí al escucharlo. Todo lo que no había sido capaz de hacer yo por Olivia, lo estaba haciendo mi padre. —Si tu padre quiere, puede trabajar conmigo.

—Pero.... Papá, eres el dueño de una empresa de construcción. No vas a ir detrás del padre de Olivia en las obras. —Dije yo, intentando entender qué quería decir. Mi padre tenía una empresa constructora, y sí, en parte por eso teníamos aquella casa con piscina, plaza en el mejor instituto de Miami, en la mejor urbanización de Miami y él viajaba muchísimo.

—¿Quién ha dicho que vaya a trabajar de obrero? —Me cerró la boca por completo. —Necesito alguien en quien confiar, que tenga sentido común.

—¿Cómo sabes que mi padre va a ser así? —Dijo Olivia entrecerrando los ojos.

—Porque tuvo la valentía de dejar ir a sus hijas a otro país para darles una vida mejor.

*

Olivia, 19 de octubre de 1997

No sabía si estaba nerviosa, con ganas de vomitar, a punto de llorar, de reír, de caerme, porque estábamos en la salida del aeropuerto, esperando a que mis padres bajasen del avión. Alex me sostenía por la cintura, y Chris estaba a mi lado, sentado en la silla de ruedas porque así era él. Era la primera vez que veía a mis padres desde que tenía doce años, y las cosas habían cambiado muchísimo.

—¿Cómo estás? —Preguntó Alex en mi oído, y no sabía qué responderle.

—Me voy a morir. —Respondí.

Al ver que la gente empezaba a salir apreté la mano de Alex con fuerza a pesar de que aún la tenía algo mal. Tragué saliva la bola de metal que tenía en la garganta, y cuando las puertas se abrieron, mis padres aparecieron tras ellas y comencé a llorar, pero antes de que pudiese decir nada.... No podía ser lo que estaba viendo. Sofi apartó a mis padres y salió corriendo hacia mí, pero no podía ser. Me llevé las manos a la boca y caí de rodillas al suelo sin dejar de llorar y con el cuerpo temblando.

—¡Liv, Liv! —Su voz era real, y sus brazos rodeando mi cuello también. No podía parar de llorar, mi hermana, mi hermana estaba muerta. Eso me dijeron, fui a su entierro.

—¿¡Sofi!? —Le cogí la cara entre las manos y la toqué con las manos casi se desmoronaban de aquél temblor que tenía, que movía la mano sola. No podía creérmelo, mis lágrimas no iba a parar de caer por mis mejillas y la abracé tan fuerte que me dolía el cuerpo. Sus manos se apoyaron en mi espalda, y mis padres se agacharon para abrazarme. Los quería abrazar a los tres a la vez, porque por primera vez en años estaba en familia. Todo estaba bien, mi interior estaba bien, mis padres estaban allí conmigo, mi hermana estaba allí conmigo. Mis padres lloraban tanto como yo, pero mi hermana era la única que saltaba de emoción al verme.

—Olivia.... —La voz quebrada de Alex sonó a mi espalda, y cuando levanté la cabeza todo el mundo se había ido. Alex era un mar de lágrimas, y Chris luchaba por negar.

—Yo no estoy llorando. No. —Se dio la vuelta pasándose las manos por el pelo y alejándose de aquello y Alex fue detrás de él para abrazarlo.

Pero mi padre me levantó, y no dejó de abrazarme fuerte cuando nos levantamos. En ese momento ni siquiera sentía el dolor, porque mis padres me abrazaban y mi hermana se enganchó a mi pierna buena. Esto no era un sueño, esto era la realidad.

—¿Qué te han hecho? —Susurró mi madre con un hilo de voz, que me hizo llorar aún más y negué, porque no quería hablar de aquello, porque ahora estaba con mi familia.

*

Después de intentar calmarme un poco, fuimos a una cafetería cercana del aeropuerto. Mi hermana pidió un batido de chocolate, y yo no podía parar de mirarla, y de sonreír a pesar de estar prácticamente al borde del llanto todo el rato.

—Liv, no me mires tanto. —Me dio con la mano en la cara y vi que era exactamente igual que yo.

Las caras de Alex y Chris no podían mantener la boca cerrada, porque en efecto mi hermana estaba muerta.

—¿Por qué? —Dije mirando a mis padres, abrazándolos fuerte de nuevo incorporándome un poco.

—¿Por qué qué? —Dijo mi padre, quitándome las lágrimas de los ojos, volviendo a sentarme.

—Porque me hicieron creer que estaba muerta. —Dije apretando los labios, mirando a mi hermana que jugaba con la pajita.

—Porque no podíamos sacarla de esa casa si seguía viva. Y queríamos hacerlo también contigo pero.... En tan poco tiempo, dos niñas muertas sería muy extraño. Así que decidimos esperar un poco hasta que.... Pasó esto. —Mi madre me señaló, comenzando a llorar de nuevo. —Teníamos un chico aquí, nos decía cómo estabas y....

—¿Quién? —Dije mirándolos algo incrédula, con la boca abierta.

—John, tu encargado. —Hablaban en español, y apostaba que Alex y Chris no se enteraban de nada.

—Espera, ¿ese tío era todo ese tiempo como un vigilante? —Alex sí que sabía español y con total acento cubano.

—Sí, y no podíamos contactar contigo. —Mi madre volvió a mirarme, y con la mano le quité las lágrimas de los ojos. —Estabais mejor con nosotros que allí.

—¿Dónde nos vamos a quedar? —Pregunté yo, viendo a Sofi levantarse y acercarse a Alex para darle su batido.

—No lo sé. —Mi padre se encogió de hombros, porque con el poco dinero que tenían, y el poco dinero que tenía yo, apenas nos daría para una noche de hotel los cuatro juntos.

—Yo.... Mi padre me dio esto. —Lo buscó en su bolso y Sofi miraba curiosa qué hacía Alex.

—Es muy bonito. —Dijo señalándolo con la cara manchada de chocolate. Alex sonrió, y puso encima de la mesa unas llaves.

—Me dijo que ibais a vivir en una casa de nuestro vecindario. —Mi padre, mi madre y yo nos quedamos mirando a Alex sin saber qué decir, y mi padre negó.

—No, no podemos aceptar una casa.

—Me dijo también que no era un regalo, ni una limosna. Que tenía que hablar con usted. —Dijo Alex poniéndole las llaves a mi padre en la mano.

—Se me ha olvidado.... Papá, ella es Alex. Y él es Chris. —La cara de Chris estaba en shock desde hacía un buen rato. —Son hermanos. Y Alex es....

—Yo soy.... —Nos quedamos en silencio, y jugué con mis manos encima de la mesa.

—Es mi.... Amiga. —Alex asintió con una sonrisa.

—Su amiga.

*

Olivia, 23 de octubre de 1997

Aún cojeaba, pero me dijeron que era normal. La luz entraba por la ventana de una forma en la que iluminaba toda la habitación sin hacer falta encender ninguna luz, y todo en aquél momento era perfecto. La paz que aquella habitación me transmitía era algo que jamás sería capaz de describir. Paredes blancas con tonos lilas, un escritorio, una cama con el edredón blanco y rosa, una cajonera, y pocas cosas más. Estaba todo en orden, olía a suavizante, y esta vez no era el de limón que usaba la madre de Alex, era el mío propio.

Mis dedos terminaron de colocar el póster de The Smiths en la pared frente a mi cama, y suspiré al verlo. Los discos estaban apilados en una estantería, mi cuaderno en el escritorio, y el armario casi vacío.

La puerta se abrió de golpe y mi corazón dio un vuelco.... Era la costumbre.

—Liv, dice mamá que bajes a desayunar. —Cojeé un poco andando hacia ella y cogí su mano, bajando las escaleras. Aquella casa era enorme, era limpia, y olía a frescor y no a mugre y suciedad.

—¿Has dormido bien hoy? —Sonreí al preguntar, dándole un beso en la cabeza.

—Sí, mucho. —Dijo ella, ayudándome a bajar las escaleras hasta llegar al recibidor. Pasamos el salón y en la cocina se escuchaban voces que no eran las de mis padres.

—Entonces, quedamos en eso, ¿no? —Josh, el padre de Alex estrechaba la mano de mi padre, y ella permanecía en una esquina de la cocina.

—Perfecto. —Asintió mi padre, y me quedé mirando un momento la escena con una sonrisa.

—Buenos días, flaca. —Había echado tantísimo de menos eso que me daban ganas de llorar cada mañana, pero esta vez de felicidad.

—Buenos días, papá. —Respondí, acercándome a Alex. La abracé, la abracé muy fuerte porque ya estaba casi bien. Y todo había pasado, por fin.

—Buenos días, pequeña. —Susurró ella en mi oído, dándome un beso en la cabeza.

—¿Qué ocurre? —Pregunté en voz baja, y ella me acariciaba la espalda con los dedos, de forma suave.

—Tu padre va a trabajar con mi padre, como te dijo. —Susurró en mi oído, y cerré los ojos con un suspiro. Por fin, no tenía esa presión en el pecho. Todo estaba bien.

—Vamos, Olivia, trae a Alex a desayunar. —Dijo poniendo los platos en la mesa, y me senté alrededor de la mesa con ella y mi hermana, porque ellos habían desayunado ya. —¿Has probado el café con leche con pan y mantequilla?

—Sí, toda mi familia es de cuba, así que.... —Asintió, y mi madre le echó una taza de café, igual que a mí.

Mi madre me dio unos mil besos más, y mi hermana estaba más centrada en comerse sus cereales que tanto había extrañado.

—Me gustan tus padres. —Susurró ella cuando ellos se habían ido, y probé un bocado del trozo de pan, dándole un sorbo al café.

—A mí también. —Respondí riendo, mirándola a los ojos. Su mano acarició mi espalda, y comía lentamente el pan.

—¿Dónde quieres ir hoy? —Preguntó ella, pero negué frunciendo el ceño.

—No tengo ropa prácticamente. —Dije mirando el plato.

—Bueno, ¿qué te parece si vamos de compras? —Giré la cabeza rápido hacia ella, porque jamás había hecho aquello, y siempre había muerto por ir con alguien de compras.

—Pero.... No sé si me lo podré permitir. —Fruncí el ceño un poco y ella se separó, soltando una risa.

—Si tu padre cobra lo que me ha dicho mi padre, creo que te sobra dinero para comprarte una moto. —Ella asintió, y entreabrí los labios al escucharla.

—Es broma, ¿no? —Ella asintió riendo.

—Pero si te gastas cien dólares en ropa, ¿dónde dejas los otros 9.900? —El trozo de pan se me cayó de la mano, abriendo los ojos.

—¿Qué? —Parpadeé un poco, y tragué el café para intentar no ahogarme. —Quiero mucho a tu padre. —Dije negando con una sonrisa, y Alex me cogió de la cara para darme un beso en la mejilla.

Yo te quiero a ti.

Capítulo 15

Olivia, 23 de octubre de 1997

Cuando aquella mañana salí a la calle, todo era distinto. Había visto esas casas, esa carretera, ese vecindario durante meses, pero ahora era completamente diferente. Quizás fuese culpa del nubarrón que llevaba siempre encima y me hacía verlo todo de una manera gris y taciturna, como si todo fuese infierno fuera de esa casa.

Alex caminaba a mi lado a través del jardín de casa, con una sonrisa que se dejaba ver a través de su pelo suelto. Tenía tanto que agradecerle que ni siquiera sabía por dónde empezar, así que simplemente me quedaba en silencio mirándola, y observando cómo aquellas pestañas cubrían sus ojos verdes que se giraban para mirarme.

—¿Estás bien? —Me preguntó sonriendo, y asentí agachando la cabeza.

—Sí, genial. —Dije con una sonrisa, que ella agradeció con otra de sus labios. —Es todo muy raro ahora. Es.... —Me mordisqueé el labio intentando explicarme. Caminaba con una muleta, intentando ayudarme para no cargar mucho la pierna lastimada, que aún estaba recuperándose.

—¿Cómo es? —Preguntó ella, y yo sacudí la cabeza.

—No sé, tengo mi propia casa. Donde puedo dormir, puedo comer, tengo mi habitación, mis cosas. —Me encogí de hombros y Alex me miraba atentamente, esperando que siguiera. —Tengo a mi familia, mi padre tiene un trabajo, tengo a mi hermana y voy a volver al instituto. —Entramos en aquél centro comercial, que pocas veces había visitado. Básicamente, porque si entraba eran los días de calor extremo y me quedaba en la puerta para que me diese algo el frescor del aire acondicionado.

—¿Quieres volver al instituto? —Me preguntó alzando las cejas, y asentí. Lo único que quería era volver a sentirme como una chica normal, bueno, en realidad me gustaría saber qué es eso. Vine de Cuba con doce años, así que había perdido toda la adolescencia en aquél infierno. —Sabes que irás a mi instituto, ¿verdad? —Dijo Alex sonriendo, y asentí. Esa era la mejor parte de ello, y una de las razones por las que quería volver. —¿Qué vas a comprarte?

—No sé.... Necesito ropa nueva.

Alex me llevó hasta una tienda, y me dejé guiar por ella. Era extraña nuestra relación, pero a ninguna de las dos nos incomodaba y eso era más extraño aún. No estábamos saliendo, porque según me había dicho Alex para eso hacían falta un par de citas más, y Chris también me dijo aquello, pero no necesitaba salir con Alex para ser feliz. Y ahora, ahora que todo estaba en calma, que Alex y yo éramos completamente libres, no me importaba qué fuésemos mientras pudiese abrazarla todos los días.

—Bueno, Olivia, ¿qué te gusta? —Había un montón de ropa, y Alex empezó a mirar por un lado, pero yo me fui a la zona de los vestidos. Había de todas las formas, con vuelo, can—can, de raso, de lino, más cortos, más largos, con lazos, pero yo cogí uno color coral y me quedé mirándolo. —¿Te gusta ese? —Preguntó Alex acercándose a mí, y asentí sonriendo. —Vamos, pruébatelo. —Me dijo buscando mi mirada.

—No creo que me quede muy bien. —Arrugué la frente y ella me dio con los dedos en los costados suavemente.

—¿Por qué? —Alex se extrañó separándose de mí, y me reí un poco porque a la mayoría de las chicas eso les parecería una tontería.

—Porque estoy demasiado delgada. —Apreté los labios y ella negó. —Sí, me gustaría estar menos delgada. Soy un saco de piel y huesos. —Arrugué la nariz al decirlo y Alex volvió a mostrar su negativa.

—Si eso te preocupa.... En una semana estarás de nuevo normal, Olivia. —Puso sus manos sobre las mías que sostenían el vestido. —Vas a comer bien, por fin. Y además la comida cubana no es que sea muy ligera que digamos. —Las dos nos reímos a la vez, y me quedé mirándola a los ojos. —Vamos, pruébatelo.

Caminé hacia el probador cojeando con la muleta y corrí la cortina, mirándome al espejo. Al quitarme la ropa lentamente aún tenía vendas en las costillas, moretones, y me daba entre reparo y asco. El color morado de los golpes se hundía en mi piel, más oscuros en las zonas donde se creaban sombras, amarillo por los bordes.

Me enfundé el vestido pero no llegaba a la espalda, así que abrí un poco las cortinas y Alex estaba allí esperándome con las manos a la espalda.

—¿Puedes venir? —Tan rápido como pregunté, fue hacia mí y entró en el probador conmigo. —¿Me puedes subir la cremallera? —No hizo falta que respondiese porque sus manos ya sujetaban por una parte el vestido, y la otra subía la cremallera hasta el cuello. Me apartó el pelo del cuello, dejándolo caer, y me miró a través del espejo. —Me queda grande. —Susurré ladeando la cabeza.

—Ten en cuenta que vas a coger peso. Y te quedará como un guante. —Sonrió asintiendo, con las manos en mi cintura. —Aun así, estás preciosa. —Me di la vuelta porque tampoco me gustaba mucho mirarme en el espejo, y Alex quedó frente a mí. No entendía cómo una chica tan guapa, y con una mente tan perfecta como Alex podría quererme a mí.

Se inclinó un poco hasta que sus labios tocaron los míos, y ni siquiera supe reaccionar porque fue hace mucho la última vez que nos besamos. Seguí el beso por inercia, y Alex buscaba más, atrapando mis labios con besos tiernos y suaves, hasta pegarme con la pared del probador.

—A-Alex.... —Susurré entre sus labios, porque no sabía manejarme aún en aquellas situaciones, y ella se separó de mí con una sonrisa.

—Lo siento.

Salí del probador, y tras elegir aquél vestido, cogí algunos más en distintos colores y formas, pantalones, jerséis, camisetas, chaquetas y además zapatos. Alex me llevaba las bolsas porque yo no podía, ya que iba medio cojeando con la muleta.

—¿Vas a comprar algo más? —Preguntó mirando las tiendas, y luego la miré a ella.

—No tengo con qué escribir. —Le dije encogiéndome de hombros.

—¿No tienes cuaderno ya? —Asentí frunciendo un poco el ceño.

—Sí, sí que tengo. Pero no tengo lápices, ni bolígrafos. Y tampoco tengo nada para ir al instituto. —Suspiré riendo, y Alex me acompañó a una tienda cercana.

—¿Quieres un cuaderno nuevo? —Dijo ella cogiendo uno. De color rojo, sin aros a los lados y con las hojas más gruesas que un cuaderno normal, era un cuaderno para dibujar pero más pequeño.

—Tengo el mío. —Dije mirando las cosas de la tienda.

—Ya, ¿pero no crees que deberías dejar ese cuaderno guardado y empezar a escribir tu nueva vida en este? —Dijo poniéndomelo en la mano, y llevaba razón.

—Entonces sí. —Accedí, poniendo el cuaderno en el mostrador.

Una mochila color azul, lápices, bolígrafos incluso me preguntó si quería pinturas, pero negué riéndome porque Alex casi estaba más preocupada por lo que compraba que yo.

Al salir de la tienda, nos sentamos en una de las cafeterías y comimos hamburguesas con un batido de fresa. Me dijo que estaba hecho con helado de fresa, así que no pude resistirme porque estaba delicioso.

—¿Solías hacer esto antes de conocerme? —Pregunté a Alex levantó la cabeza de su plato mientras yo mojaba una patata en el kétchup.

—¿El qué? —Dijo con la boca llena, y se limpió con una servilleta los labios.

—Venir aquí, comprar con tus amigas, no sé. —Reí un poco bebiendo de la pajita, y ella asintió.

—Sí, veníamos aquí los fines de semana. Al cine, a comprar, no sé. Esas cosas que hace la gente. —Para ella era muy fácil decirlo, pero esta era la primera vez que comía fuera. —Olivia, ¿alguna vez has probado la comida china? —Me dijo ella, y negué por completo mirándola.

—La he visto por la tele. —Respondí, dándole un mordisco a mi hamburguesa, que estaba bastante buena. —¿Te gusta?

—Sí, tienes que probarla. Definitivamente, tienes que probarla.

Alex, 24 de octubre de 1997

Cuando vi la figura de Olivia por el pasillo del instituto, casi me da un infarto. Ella decía que no, pero en pocos días había dejado de ser aquella chica casi esquelética y estaba segura de que la señora Morgan la había cebado a comida cada día desde que llegó. Llevaba puesta la falda de cuadros corta del instituto, un jersey color azul marino encima de un polo blanco, del que se veía sólo el cuello. Cuando Olivia me vio, sonrió, y se acercó a mí andando despacio porque su pierna aún se resentía, aunque ahora iba sin muletas.

—Buenos días. —Me dijo ella con una sonrisa, mirando la clave de su taquilla.

—Buenos días, Olivia. —Dije abrazándola, dándole un beso en la mejilla.

—Supongo que esta es mi taquilla. —Dijo ella señalando la que estaba justo al lado de la mía, y asentí para confirmarlo. Giró la ruedecilla para abrirla, y se abrió. Dentro, los libros de todas las asignaturas y Olivia me miró a mí. —¿Sabes quién es la profesora Scruchn? —Dijo ella frunciendo el ceño, bajando la mirada al papel.

—Sí, es la profesora de literatural, ¿por qué? —Ella levantó el papel, donde llevaba apuntado el horario.

—Tengo literatura ahora, supongo. —Dijo cogiendo el libro y lo metió en la mochila, justo igual que había hecho yo hacía escasos minutos.

—Tenemos literatura, querrás decir. —La corregí con una sonrisa.

Nos sentamos en mitad de la clase, y pusimos los libros encima de la mesa. Olivia sacó también una libreta, nada que ver con uno de sus cuadernos, y tomó entre sus dedos uno de los bolígrafos que habíamos comprado el día anterior.

—Buenos días. —Dijo la profesora poniendo su maletín en la mesa.

—Buenos días profesora Scruchn. —Repetimos todos, excepto Olivia que se quedó en silencio.

—¿Por dónde nos quedamos el último día? —Dijo ella sacando el libro, y miré el mío en la mesa. San Manuel Bueno, mártir. Otra mierda de la literatura clásica universal que tendríamos que estudiar y que no sirve para nada. Olivia pasaba los dedos por las hojas, y yo resoplé.

—Menuda mierda de libro... —Dije en voz baja, suspirando.

—¿Decía usted algo, señorita Portier? —Dijo la profesora, y negué carraspeando.

—No, nada. Estaba en otro sitio. —Me excusé, removiéndome en la silla. Cuando la profesora se dio la vuelta para escribir el título del libro en la pizarra, miré a Olivia que se reía sin hacer ruido de mí, escondiéndose tras la chica de delante.

—Bien, el otro día terminamos de leer el libro. ¿Alguien me puede decir lo que el autor quería decirnos con la obra? —La profesora miró a todos los alumnos, y señaló a alguien detrás de mí. —¿Señorita Brook, lo sabe usted?

—No sé. Yo me perdí en mitad del libro, profesora. Es decir, ¿el cura que es cura pero no cree en Dios? ¿Qué es eso? Es como si voy a McDonalds y pido una hamburguesa pero soy vegetariana. —La profesora entreabrió los labios y achicó los ojos.

—Casi, Christine, casi. —Asintió, y me di la vuelta para mirar a Christine y reírme con el comentario en silencio. —¿Y usted, señorita Johnsen?

—Yo sigo pensando en por qué llamaban a América el nuevo continente si hace cuatrocientos años que lo descubrieron. —Ella entrecerró los ojos y yo no podía aguantar la risa, así que me di la vuelta y me crucé de brazos para no mirarla.

—¿Alguien me dice algo coherente? —La profesora se desesperaba suspirando, poniéndose frente a la clase.

—El protagonista, San Manuel, ha perdido la fe en Dios por todas las cosas que vio en los años que vio en Valverde de Lucerna. Era el hombre más querido del pueblo, por lo que la gente admiraba a Manuel y lo que él hacía servía de ejemplo para todo el mundo. Pero Manuel perdió la fe, y no podía decir nada porque aquello cambiaría la vida de las personas del pueblo. De hecho, una de las frases del libro es 'la religión es el opio del pueblo', es decir, mientras la religión los distraiga no pensarán en sus problemas y preocupaciones. Por eso, el decide seguir dando misa, seguir diciendo que cree en Dios y predicando su palabra, porque es lo correcto, porque la costumbre premiaba y así se hacía, y así debía ser. —La clase se quedó en silencio y yo me quedé mirando a Olivia. —No sé si me he explicado bien con lo que quería decir. —Dijo en voz más baja, y la profesora la miró.

—¿Eres nueva? —Olivia asintió, jugando con el boli entre sus manos. —¿Cómo te llamas?

—Olivia. —Dijo mirando a la profesora.

—¿Olivia qué? —La señora Scrunch se sentó encima de la mesa, con los pies en el suelo.

—Olivia Morgan.

—¿Ha leído el libro, señorita Morgan? —Le preguntó la profesora, y Olivia asintió con la cabeza. —¿Se lo ha preparado para clase o lo leyó por su cuenta?

—Lo leí en la biblioteca por mi cuenta. —Sus dedos jugaban con el borde del libro, y se la veía incómoda al tener la atención de casi toda la clase.

—¿Cómo has llegado a esa conclusión tú sola? —Olivia se encogió de hombros negando.

—No lo sé. Cuando lees te dice el libro lo que está pasando, ¿no? —La profesora negó, y se rascó la frente.

—Para llegar a una conclusión tienes que pensar por ti misma.

—Supongo que pienso mientras leo, entonces. Yo sólo leía la historia y comprendía lo que los personajes sentían. San Manuel no quería revelar su secreto para que los demás no sufriesen, porque si decía que había perdido la fe, el pueblo también la perdería y volverían a sus vidas y preocupaciones. Él quería que todo el mundo fuese feliz, y si tenía que hacer lo que las costumbres decían, lo hacía. —Yo estaba alucinando con Olivia, y la profesora creo que también.

—¿Por qué Lázaro cuando vuelve de América era totalmente ateo, pero luego se hace la mano derecha de San Manuel? —La profesora jugaba con el bolígrafo entre las manos.

—Porque se da cuenta de que San Manuel no es como los demás curas. Es cercano, se preocupa por los más necesitados, y su fe no iba con la iglesia. Él creía en Dios, y creía en hacer el mundo mejor. —Me giré para mirar a Christine, que estaba tan alucinada como yo mirando a Olivia y ni siquiera sabía quién era.

—¿Qué paralelismos crees que tiene ese tema de 'la religión es el opio del pueblo' con la actualidad? —Olivia se quedó pensativa unos segundos, pasándose la lengua por el labio inferior. —No hay respuesta buena o mala, es lo que tú creas.

—Pienso que no es tan diferente a lo que hay ahora. Hay países tan pobres en los que un plato de comida casi es imposible de conseguir, pero ponen un partido de fútbol y nadie se acuerda de eso. Nos distraen, nos hacen creer que no pasa nada, que la economía va bien, que los políticos no roban, y que todo el mundo es bueno. En la televisión, series, programas, revistas.... Pero esa no es la realidad. Y no es nuevo, no es de hace cien años. En Roma los emperadores construían circos, anfiteatros y teatros para entretener al pueblo, para tenerlos tranquilos. Se llamaba *panem et circenses*, pero en la práctica es básicamente lo mismo. —Parpadeé mirando a Olivia, y sí, mis teorías se confirmaban. Era más lista que toda la clase junta, y cuando me giré, Rachel y Christine me miraban y yo las miraba a ella.

—Por fin tengo esperanzas en esta clase.... —Susurró la profesora con un suspiro. —Gracias, señorita Morgan. Brillante.

—Entonces, profesora, este tipo decía que seguía creyendo para que la gente no se suicidase de la pena de vida que llevaban. —Dijo Christine, con el ceño fruncido.

—Sí, Christine, en tu idioma sí. —Ella se quedó pensativa, y una voz irrumpió desde delante.

—Este libro es una blasfemia. Dios sí que existe. —Dijo Alycia, y la profesora apoyó las manos en la mesa.

—A ver, Alycia, tienes la palabra. —Señaló a la clase y la pequeña se dio la vuelta. Me iba a preparar para reírme.

—Dios existe. Dios está con nosotros siempre y quiere lo mejor para nosotros, no es una distracción. Este libro es la blasfemia hecha papel. —Dijo alzando el libro, mirando a la profesora. La señora Scrunch estaba hasta las narices de nosotras cuatro durante aquellos cuatro años de clase.

—En la próxima clase analizamos la Biblia a ver si te quedas más contenta. —Alzó la voz Christine desde atrás, y yo no podía parar de reírme.

—Y de excursión en vez de a Disney, vamos al Vaticano. —La clase entera se rio, incluso Olivia a mi lado, no lo podía contener más.

La clase terminó, y la profesora llamó a Olivia para hablar con ella fuera de clase, mientras, yo salí con Alycia, Christine y Rachel al pasillo para coger los libros de historia.

—¿¡Esa es Olivia, la Olivia de la que nos hablaste!? —Preguntó Rachel mientras salíamos, y asentí llegando hasta nuestras taquillas.

—Sí, esa es. Yo tampoco sabía que su cabeza tenía tantas cosas. —Dije soltando el libro de literatura, metiendo el de historia en la maleta.

Olivia volvió y se quedó a mi lado, mirando a las chicas con una sonrisa.

—Hola. —Levantó la mano tímida para saludarlas.

—Joder, sabes más de lo que yo sabré en toda mi vida. —Le dijo Christine y Olivia se quedó un poco confusa mirándola. —Me gusta tu pelo, por cierto. —Lo llevaba ondulado hacia un lado, y Olivia sonrió. —Por cierto, soy Christine.

—Muchas gracias, y encantada. —Dijo Olivia antes de pasar entre las cuatro y coger su libro de historia.

—Yo soy Rachel, y esta es Alycia. Va a audicionar para Sister Act el musical. —Comencé a reírme apoyándome en las taquillas, y Christine también conmigo.

—No sé lo que es eso. —Dijo Olivia, y Christine paró de reírse un poco.

—Es una película de monjas. —Olivia abrió los ojos mirando a Alycia, tapándose la boca con la mano.

—¡¡Dejad de meteros conmigo!! —Dijo empezando a caminar con nosotras, y yo me pegué a Olivia, poniendo una mano en su cintura.

—Cuando meternos contigo deje de ser gracioso, lo haremos. —Dijo Rachel acariciándole el pelo.

El señor Lerman miraba la clase desde la mesa del escritorio, como si quisiera matarnos uno a uno.

—Muy bien, ya que en el último examen ninguno aprobó, vamos a corregir el examen en la pizarra. Lo que me parece de vergüenza porque era para niños de tres años. —Fruncí el ceño mirando al techo, soltando un suspiro.

—Profesor, yo sí que aprobé. —Dijo un chico desde atrás.

—Ya, pero te suspendí por poner ayer con elle. —Dijo el profesor cogiendo la tiza de la pizarra, escribiendo el número uno en esta. —A ver, ¿quién me dice las fechas de cada edad de la historia? —El profesor nos miraba con la tiza en la mano, que manchaba sus dedos de blanco.

—La prehistoria, paleolítico, neolítico, edad de piedra y edad de los metales, alrededor de hace cinco millones de años. Luego, la edad Antigua que comienza con Mesopotamia, Egipto, Grecia, y Roma en el 3.500 a.C. En la edad Media no se obtienen muchos datos, sólo que empieza con la caída del Imperio Romano en el 476 d.C. Con el descubrimiento de América en el 1492 empieza la Edad Moderna, y con la revolución francesa en el 1789 la Edad Contemporánea. —Olivia miraba el bolígrafo mientras hablaba, y yo no sabía por qué Olivia era tan jodidamente lista si después no había probado un maldito helado de fresa.

—¿Cómo te llamas? —Le preguntó el profesor.

—Olivia. —El profesor asintió, apuntándolo en su libreta.

—Ya eres más lista que estos veinte. —Olivia se rio negando, anotando cosas en su libreta.

—Yo puedo decirle las canciones de las Destiny's Child si le interesa, profesor. Me las sé de memoria. —El profesor se dio la vuelta poniendo el dos en la pizarra.

—Ya lo sé, señorita Johnsen, y la próxima vez que la vea bailando en el pasillo llamaré a sus padres.

Y así, la gente iba respondiendo preguntas. Puse una mano en la rodilla de Olivia, y ella acarició mis dedos con delicadeza.

—¿Por qué ya no respondes? —Pregunté en un susurro, y ella se aferró a los dedos de mi mano.

—Porque no quiero que piensen que soy una empollona. —Aquél comentario me hizo sonreír y negué, dándole un beso en la mejilla.

—No lo piensan. —Sonreí, pasando la mano por su rodilla suavemente.

—Alex, resume la revolución francesa. —Entreabrí los labios mirando al profesor, y suspiré.

—Un momento, deme un momento. Había un.... Una pelota.

—Dos más bien. —Dijo Christine, y toda la clase rio pero negué.

—Sh, callaos, estos recordando. —Me quedé en silencio y el profesor se quedó de brazos cruzados. —Pero había gente que estaba pues, revolucionada supongo, ¿no? —Todo el mundo comenzó a reírse, incluso Olivia, pero yo iba en serio. —Es decir, la gente pues no estaba muy contenta con su vida.

—Yo sí que no estoy contento con mi vida. —Dijo el profesor cerrando el libro.

Salimos de clase y cogí a Olivia del brazo, apoyándome en la taquilla para mirarla. Estaba sonriendo, y sí, sí que le gustaba el instituto por muy absurdo que sonase.

—Eres muy lista. —Le di con el dedo en el abdomen y ella se encogió, cogiéndome la mano.

—No lo soy.

—Sí, y estoy muy orgullosa de ti. —Dije abrazándola, dándole un beso en la cabeza.

Capítulo 16

Alex, 24 de octubre de 1997

Buscaba en el armario algo que ponerme encima del bikini, y la voz de mi hermana me desesperaba, porque ella tampoco sabía y yo no podía estar atendiendo a las dos. Al final, ella optó por un vestido azul, y yo uno blanco bastante ancho.

Cuando bajamos las escaleras, Chris, mi padre y mi madre estaban esperando en la puerta, y me apresuré a ir hacia ellos.

—Espera, ¿dónde vas tú? —Me dijo mi madre. La pregunta era bastante absurda.

—Con.... Con vosotros a la playa. —Dije con el ceño fruncido, y mi madre negó.

—No, tú no vienes. —Respondió ella, y en ese momento no sabía ni qué decir siquiera. No me esperaba eso por nada del mundo.

—¿Qué? —Dijeron mi padre, Chris y Taylor a la vez.

—Que no viene. —Reiteró ella, cogiendo el bolso y poniéndoselo en el brazo.

—¿Por qué? —Dije yo dejando caer mi bolso al suelo, y ella se puso las manos en la cintura.

—Porque.... Tienes que estudiar. Las notas han bajado. —Abrí los labios sin poder creerme lo que estaba diciendo.

—No, no han bajado. —Dije negando, y ella se encogió de hombros.

—Pues estudia para que sigan igual, es lo único bueno que haces en tu vida, Alex. —Mi madre salió por la puerta, y me quedé mirando a mi padre que sólo miraba a mi madre con la misma cara que yo, y mis hermanos negaban.

—¡No puedes dejar a Alex aquí! —Gritó Chris, asomándose a la puerta.

—¿Quieres quedarte sin paga en seis meses? —Mi hermano estaba ahorrando para comprarse un coche nuevo y dejar aquella chatarra, y él se quedó en silencio.

—Idos. —Respondí yo, negando. —Id a la playa. —Me giré y subí las escaleras, escuchando la puerta de casa cerrarse.

Me desvestí casi a tirones, y me puse de nuevo la camiseta de manga corta y el short que llevaba, sentándome al borde de la cama. Me sentía en ese momento como la mayor mierda del mundo. Ella no iba a aceptar nunca nada, no iba a aceptar el hecho de que yo quería a Olivia, y que Olivia me quería a mí.

Había escuchado a mi madre en numerables ocasiones decirle a mi padre que yo no valía para nada, que sólo tenía 'mariposas en la cabeza', y que parecía no ser de esa familia. Mi padre se quedaba en silencio, pero yo sabía que él no lo pensaba así.

Cuando me quise dar cuenta estaba llorando en silencio, casi sin hacer ruido, dejando que las lágrimas rodasen por mis mejillas hasta llegar a mis labios que tomaban un sabor salado, y mi pecho, incluso mi garganta se oprimían. Lo gracioso de todo esto es que me lo había hecho más de una vez pero aquella, aquella fue el colmo de mi paciencia. Me pasaba el día sola, no me llevaba a las cenas de familia como hacía antes, ni hablaba de mí con sus amigas por teléfono porque ahora ya no era esa hija ejemplar de la que poder presumir, ahora era simplemente alguien a quien ocultar en su vida.

De reojo, vi la camiseta de Olivia encima de mi cama, casi no recordaba que me quedé algunas cosas en casa al salir del hospital porque en aquella habitación de hotel no cabía ella con la silla, ni todas las cosas que necesitaba para curarla.

Cogí la camisa y me levanté, dispuesta a salir de casa porque no quería estar todo el día allí sola, como casi siempre. Llegué a casa de los Morgan y atravesé el jardín, llamando al timbre. Me miraba los zapatos, justo en el momento en el que la madre de Olivia abrió la puerta.

—Hola, Alex. —Dijo ella con una sonrisa, la verdad es que era bastante simpática.

—Hola señora Morgan. —Tenía los ojos apretados, como si no quisiera abrirlos. —¿Está Olivia?

—No, no está, ha ido al hospital con su padre. —La mujer se quedó en silencio mirándome mientras yo asentía. —¿Estás bien, Alex?

—Sí.... —Dije sin mucho convencimiento en la voz. —Sólo venía a traerle esto. —Dije levantando la camisa.

—Pasa, está a punto de llegar, dáselo tú misma. —Abrió un poco más la puerta, y entré en aquella casa. Olía francamente bien, a fresco y limpio, y no me imaginaba cómo tenía que sentirse Olivia al tener por fin un hogar. —¿Quieres algo? —Pasé por la cocina y vi a su hermana Sofi sentada en la mesa pintando una figura en un cuaderno.

—No.... —Negué ante la propuesta de Rita, viendo a Sofi levantar la mirada hacia mí.

—¿Por qué lloras? —Me preguntó la niña y me quedé callada porque no sabía qué decirle.

—No estoy llorando. —Tragué un poco de saliva, observando a Rita sacar algo del horno.

—Sí, estabas llorando. Tienes los ojos mojados. —Señaló mi cara con la mano, y volvió a pintar como si nada hubiese pasado. Me enjugué los ojos con las muñecas un poco, intentando secarlos, y la madre de Olivia se acercó a mí, indicándome que me sentase.

—¿Segura de que estás bien? —Me preguntó, poniéndome delante un vaso de agua con hielo delante, y cerré los ojos.

—No quiero contarle a nadie mis problemas, y menos a usted, ya hace mucho por recibirme en su casa como para aguantarme. —Cogí el vaso y le di un sorbo, cerrando los ojos al sentir el frío del hielo subirme a la cabeza.

—Quiero ayudarte. —Apreté los labios al escuchar a Rita, que me pedía que le contase mis problemas, pero yo, prácticamente estaba desmoronada, porque no valía para absolutamente nada.

—Mi madre no quiere verme porque me gusta Olivia. —Le dije al final, y ella suspiró, sentándose al lado de Sofi que seguía con sus dibujos. La madre de Olivia se quedó mirándome con una mueca, acariciando la espalda de la pequeña.

—Tu madre no sabe nada de lo que es la vida y lo poco relevantes que son esas cosas. —Respondió, cruzándose de brazos mientras me miraba a los ojos. —Por lo que veo, tu madre siempre ha tenido las cosas fáciles, y nunca ha sufrido mucho. Tú sí. Y eso es algo de valorar. —Agaché la cabeza al escuchar sus palabras, algo cabizbaja. —Ni tú ni Olivia deberíais haber sufrido todo eso.

—Lo que sufrió Olivia no es comparable a lo mío. —Espeté frunciendo el ceño, observando que Sofi cambiaba de color para pintar.

—¿Me estás diciendo que es menos importante el maltrato de género? Por lo que me contó Olivia, estuviste en el hospital, y eso Alex, eso es muy grave. —Me rasqué la frente y escuché el sonido de la puerta cerrarse. Olivia apareció por la puerta de la cocina con Alejandro detrás, y ella se paró al verme frunciendo un poco el ceño. —Ha venido Alex a verte. —Me señaló su madre, y me levanté por fin de la silla. —Id arriba.

Simplemente seguía Olivia que aún cojeaba un poco hasta su habitación, que estaba perfecta e impoluta, no había ni siquiera una arruga en la cama e incluso me daba miedo sentarme.

—¿Qué haces aquí? —Ella se frotó los brazos, y yo cogí la prenda que le traía, que ella cogió sonriendo un poco. —Gracias. —Nos quedamos en silencio, pero yo no podía ocultar cómo me sentía en aquél momento, en el que parecía no importarle a nadie. —¿Te pasa algo? —Su voz era suave y tierna, y yo me encogí de hombros. —Vale.... —Susurró separándose un poco de mí, dándose la vuelta para guardar la camiseta en el cajón. Toda aquella situación me estresaba. No había un día, un solo día en el que no tuviese una batalla interna, o en el que pudiera respirar tranquila sin ninguna preocupación, ni uno. Primero Hank, luego todo lo de Olivia, y ahora esto. Todo colapsó, y sin darme cuenta estaba sollozando con los ojos apretados. —No, Alex, no.... —Olivia cogió mis manos y se acercó a mí, dándome un beso en la mejilla que me hizo llorar más. —Dime qué te ocurre. —Sus manos me llevaron hasta su cama, sentándonos en esta con Olivia frente a mí.

—Mi madre me odia porque te quiero. Y no quiere saber nada de mí, ni que vaya con mi familia a ningún sitio.... —Me limpié las lágrimas con los dedos, y ella me abrazó, apretando sus manos alrededor de mi espalda, pero no me parecía justo estar contándole esto a ella. Olivia había pasado por mucho en aquellos días, y yo le estaba contando una simple pelea entre mi madre y yo. Me separé de ella y Olivia parecía estar preocupada, pero sacudí la cabeza suspirando. —No importa. Pero me duele que me trate así.

—Alex.... —Bajó las manos a las sábanas, apretando estas entre los dedos. —No quiero ser la razón por la que tú y tu familia os peleéis... — Puse una mano en su mejilla y ella se apartó, casi asustada.

—El problema no eres tú, el problema va a seguir ahí incluso si me dejas. —Apreté los labios intentando no llorar, porque ni siquiera me planteaba dejar de verme con ella. —El problema es que me gustan las chicas. Y si no eres tú, será otra, mi madre siempre me va a odiar. Sé que no estamos juntas pero.... No me dejes. —Casi le supliqué, bajo su mirada, que casi parecía debatirse entre salvarme la vida o no. Y tampoco evité ponerme a sollozar de nuevo, porque Olivia no respondía. Era mucho más doloroso ese silencio que las palabras de mi madre, era mucho más doloroso que estar enfadada con ella toda mi vida. Agaché la cabeza, porque seguía sin responder.

—La familia va a estar ahí siempre, yo.... —Su voz también temblaba un poco, y entonces me separé de ella girándome en la cama. —Alex, Alex.... —Ella volvió a acercarse a mí, pero yo me volví a separar de ella. —No voy a dejarte no, no voy a irme. —Y esa vez, fue la primera vez que Olivia me besó con decisión, poniendo una mano en mi cuello.

—Sal conmigo. —Mis palabras salieron de forma instantánea, y Olivia se quedó en silencio.

—Dijiste que había que tener citas para eso... —Cerré los ojos soltando un suspiro mientras me limpiaba las lágrimas.

—Hemos vivido suficientes cosas juntas como para conocernos lo suficiente.

—Vale... —Olivia asintió, dándome un fuerte abrazo apoyando la cabeza en mi pecho. —Pero no llores más....

Alex, 27 de octubre de 1997

—Siento mucho decírtelo, pero tu madre es una zorra. —Christine se bebía el zumo en la cafetería, y me reí al escucharla porque sí, sí que lo era.

—Lo sé. No quiero verla, de verdad. —Olivia comía un poco de sus patatas, leyendo un libro a mi lado. Casi siempre estaba en silencio, y pocas veces hablaba.

—Si no tienes dónde quedarte, sabes que puedes dormir conmigo en casa. —Alycia movía la pasta con el tenedor.

—No hace falta, no me ha echado de casa. Sólo es imbécil y no quiere que cene con ellos, ¿sabes? —Suspiré cruzándome de brazos en la mesa.

—¿Cenas más tarde que ellos? —Hice una mueca arrugando la nariz.

—Mis hermanos vienen a cenar conmigo a la habitación, y otras veces ceno en casa de Olivia. —Ella levantó la cabeza para mirarme, sonriendo un poco.

—¿Olivia? —Alycia la llamó, y ella se quedó mirándola. —Hablas muy poco.... ¿Te pasa algo con nosotras o....?

—No, ella es muy reservada. —Jugaba con sus manos, y parecía nerviosa.

—Oh, lo siento. —Se disculpó Alycia, y Olivia sonrió negando, metiéndose un mechón de pelo detrás de la oreja.

—Me gusta escuchar. —Su voz era dulce y tierna, y me sonrió volviendo a coger el libro entre sus manos.

—¿Qué es eso? —Christine señaló la pierna de Olivia, una cicatriz que se veía entre la falda y el calcetín alto. Mi mirada mató a la rubia, y Olivia frunció un poco el ceño.

—Es una cicatriz. —Olivia parecía confusa por la pregunta, porque era obvio que era eso, así que la pregunta de Christine era un poco idiota.

—Ya pero digo que cómo te la hiciste. —Olivia abrió los ojos y le di un golpe a Christine en el hombro.

—Te lo contaría pero.... No quiero daros pena. —Cerró los ojos bajando la mirada a su plato, y puse una mano sobre la de ella bajo la mesa.

—No das pena, que lo sepas. —Dije negando, dándole un beso en la mejilla.

—Dios, yo creía que era por algo tonto, lo siento no quería meterme en temas así. —Christine sacudió la cabeza algo aturdida, y Olivia sonrió un poco al ver la reacción.

—No te disculpes, está bien tener a gente que se preocupa por ti. —Se encogió de hombros, mientras las chicas la miraban.

—Siempre estaremos aquí para ti, ¿vale? —Alycia se acercó a ella y le dio un beso en la mejilla, abrazándola.

—Muchas gracias, Alycia.

Y daba gracias de que Olivia cada día fuese un poco más feliz.

Capítulo 17

Olivia, 30 de octubre de 1997

Me gustaba la forma en la que Alex reía, y la echaba un poco de menos. A ella le gustaba hablar conmigo, siempre decía que mi mente era un mundo por explorar, y la verdad es que ni yo misma lo conocía muy bien. No me paraba a pensar mucho lo que tenía en la cabeza, las cosas eran como eran, no había más vuelta de hoja, pero ella insistía en que sí.

Muchas veces, en mi habitación mientras escuchábamos a The Samples, Alex se traía sus pinturas, y yo leía. En silencio, sin que nadie nos molestase. Ella estaba en su mundo y yo en el mío. Ella hacía que el mío funcionase, y yo hacía que el suyo también. Ella hacía que yo pudiese escribir, y yo hacía que ella pudiese pintar. Pintaba dibujos abstractos, de colores intensos, motas esparcidas, con sus dedos removía la pintura turbia, formando colores nuevos y cuando lo terminaba, decía que era mi maravillosamente. Alex sostenía que mi mente era de colores fuertes e intensos que mostraban la claridad y simpleza de mis ideas, los colores más claros, mis debilidades, mis flaquezas, pero que a la vez me hacían ser quien era. Luego estaban los colores nuevos que se habían formado por la mezcla de los dos, y que decían que mis pensamientos más profundos, liberadores, creando arte en mi cabeza.

Después de explicármelo, simplemente me miraba y me besaba, y creía que esa era la mejor sensación del mundo. Podía llorar mientras me besaba, podía reír, podía sentir todos los sentimientos a la vez.

Me pedía mil veces leer mi nuevo cuaderno, pero yo nunca la dejaba. Canciones, textos, sentimientos y pensamientos se plasmaban allí, pero no estaba preparada para que los viese. O quizás sí, y sólo me daba vergüenza.

—Olivia.... Deja de estudiar. —Me dijo poniendo la mano en mi espalda, pero yo no tenía muy claro aquello.

—Mañana tengo examen. —Susurré en voz baja, señalando el libro de literatura mordiéndome el labio inferior.

—Llevas estudiando un mes literatura, te lo sabes de sobra. Además, es viernes.... —Apoyó la cabeza en mi hombro, y dejé el lápiz en la mesa. —Christine nos ha invitado a una fiesta, y quiere que vayas.

—No puedo dejar a Christine así en su fiesta, eso es de malas personas, ¿verdad? —Giré el rostro hacia ella algo preocupada, y asintió con una mueca en la cara.

—Me temo que sí. —Bajé la cabeza asintiendo, no podía dejar a Christine 'colgada' en su fiesta, como solían decir ellos.

—Bueno.... Está bien, iré.

*

La música invadía mis oídos, *Girls just wanna have fun* sonaba de fondo, y yo iba de la mano con Alex a través de la gente, ella la apartaba para que yo pudiese pasar, sabía que me agobiaba estar con mucha gente.

—¡Has venido! —La rubia abrió los brazos al verme, abrazándome fuerte casi sin esperarlo, y aunque aquello me provocaba cierta ansiedad, —las sorpresas y cosas inesperadas— la dejé que lo hiciese.

—¡Bú! —Rachel me asustó en la espalda y casi creí que se me salía el corazón por la boca, incluso di un salto del miedo, apartándome un poco.

—Chicas, que le hagáis esas cosas le da ansiedad. —Alex se pasó las manos por el vestido mirando a las chicas.

—No importa. —Dije yo, jugando con mis manos y un poco con la tela del vestido blanco que llevaba puesto.

—Lo siento, Liv. —Rachel tocó mi hombro, y luego se acercó para abrazarme con más delicadeza . —Por cierto, ¿blanco para una fiesta? ¿Y si te lo manchas mientras bebes?

—Yo.... Yo no bebo. El alcohol hace cosas horribles con la gente. —Dije casi en voz baja, lo sabía de buena tinta. Si olía algo de whisky me daban arcadas y casi entraba en pánico, porque era justo el olor que desprendía su camisa cuando se acercaba.

—¿Quieres un zumito de piña? —Dijo Kiara, riéndose con el comentario. Se estaba burlando claramente de mí, y yo me sentía verdaderamente mal. Me gustaría ser normal como todo el mundo, pero no, seguía sin serlo por mucho que quisiera.

—Eh, cierra la puta boca. —Soltó Christine, porque Alex había ido a por algo de beber al salón donde estaba todo puesto, y yo me quedé en la cocina con las chicas, donde por lo menos estaba más tranquila.

—Si es un poco rarita no es mi problema.

—Si no le gusta el puto alcohol no le gusta y punto. Mejor eso a acabar tirada en una acera y sin bragas, ¿no Kiara? —Alex entró por la puerta con varios refrescos en la mano, y escudriñó la escena unos segundos, dándose cuenta del gesto de la rubia.

—¿Qué coño haces? ¿Os está molestando?

—Déjalo, paso de vuestro rollo. —Salió de la cocina y yo me quedé en silencio, jugando con mis manos encima del vestido, sintiéndome mal de nuevo. Cuando se fue, ni siquiera levanté la cabeza.

—No debería haber venido, yo no encajo aquí. —Dije en voz baja, tragando algo de saliva. Cuando Alex llegó, tomó mis manos y les dio un beso, negando.

—Ella es idiota. —No, no lo era. Me había dado cuenta de cómo me miraba la gente, y sin duda, no era el mejor sentimiento del mundo. No me gustaban las fiestas, no me gustaba beber, yo sólo quería estar en casa leyendo, porque nunca lo había hecho, porque nunca pasaba tiempo en casa, y cuando lo hacía.... Cuando lo hacía vivía en el infierno.

—Alex, tenemos que irnos. —Dijo Alycia entrando por la puerta de la cocina, con la cara casi pálida. —Hank está en la puerta.

—No le dejes pasar. —Dijo Christine, y me empecé a agobiar. Otra vez él, no. No quería que volviese, no quería que Alex volviese a sufrir.

No deberíamos haber ido.

*

—No sé qué coño hacía él allí. —Dijo Alex mientras bebía de su batido, sentadas en el coche con las tres chicas y yo. Sostenía el batido de fresa entre las manos, pero no me atrevía a decir nada, no quería decir nada.

—¿Te imaginas que tu madre le dijo dónde estabas? —Christine sorbió de su pajita, pero mi mente no estaba allí.

—No me extrañaría. —Contestó Alex.

—Olivia, ¿de qué son esas marcas? —Rachel me tocó el cuello y me aparté de golpe, pegando la espalda contra la puerta del coche y todas se me quedaron mirando.

—Rachel, déjala. —Las chicas se me quedaron mirando perplejas, menos Alex.

—Lo siento, no creí que le dolería. —Su rostro estaba completamente descompuesto, y negué agachando la cabeza.

—No, no me duelen.

*

Tenía tanto que agradecerle al padre de Alex, que no sabía por dónde empezar, pero que pusiese aquél piano en el desván terminó de ganarme por completo.

Sentada frente al piano, con el cuaderno abierto encima de este, garabatos, letras que se extendían hasta el fin de las páginas, arrugadas, mojadas de lágrimas y recompuestas durante la noche, de letras de canciones que no llegarían a ninguna parte, pero allí estaban, esperando a ser escuchadas.

—*Regrets collect like old Friends here to relive your darkest moments. I can see no way, I can see no way.... And all of the ghouls come out to play.* —Toqué las primeras notas con el piano, y mi voz salió suave, limpia. —*And every demon wants his pound of flesh, but I'd like to keep some things to myself. I'd like to keep my issues strong, it's always darkest before the dawn. And I've been a fool and I've been blind, I can never leave the past behind. I can see no way, I can see no way.... I'm always dragging that horse around. All of his questions, such a mournful sound. Tonight I'm gonna bury that horse in the ground. So I'd like to keep my issues strong.... But it's always darkest before the dawn.* —Seguí tocando, cantando, hasta que mi voz.... Mi voz comenzó a quebrarse en mitad de la canción. —*And it's hard to dance with a devil on your back. And given half the chance, would I take any of it back? It's a fine romance but it's left me so undone.... It's always darkest before the dawn.* —Mis dedos se deslizaban sobre las teclas, inundando el desván con el melódico y maravilloso sonido del piano. —*And I'm damned if I do, and I'm damned if I don't. So here's to drinks in the dark at the end of my road. And I'm ready to suffer, and I'm ready to hope. It's a shot in the dark aimed right at my throat, 'cause looking for heaven, found the devil in me. Looking for heaven, found the devil in me. But, what the hell I'm gonna let it happen to me?* —Mis dedos llegaban al final de la canción, mi voz estaba ronca, frágil, consiguiendo pronunciar las últimas frases de la canción. —*It's hard to dance with a devil on your back, so shake him off.* —En ese preciso instante en el que dejé de tocar, me quedé en silencio, vacía, porque era la única forma de expresar lo que sentía que tenía, pero no quería hacerme la víctima, y eso me estaba matando por dentro. Porque no quería darle pena a nadie, no quería que tuviesen que preocuparse por mí, pero en realidad aquello me estaba haciendo sufrir más.

—No me cansaría de escuchar tu voz, ¿sabes? —La voz de Alex me sorprendió, como la primera vez. —Y me gustaría que me contases las cosas que sientes.

—No quiero dar lástima a la gente. —Cerré el cuaderno abrazándolo contra mí, mirando a Alex. —No quiero ser una víctima.

—Pero lo eres. Y en vez de encerrarte, y no querer ser una víctima, deberías contarlo y ser una heroína. —Alex se sentó a mi lado, poniendo una mano en mi mejilla. —Cuando la gente escuche tu historia, simplemente se quedará sin palabras. Y tus canciones.... Tus canciones son demasiado buenas.

—No quiero que la gente me aprecie por mi historia. —Susurré agachando la cabeza, sintiendo la mano de Alex acariciarme lentamente.

—La gente va a tratarte como Alex si no sabe tu historia. Va a pensar que eres una rarita porque quieres, si lo cuentas, todo el mundo sabrá que en realidad eres una luchadora. —Me alzó la cara de nuevo, haciendo que la mirase.

—¿Podrían saberlo sólo las chicas durante un tiempo? —Alex sonrió, dándome un beso suave, tierno, y prolongado.

Capítulo 18

Olivia, 9 de noviembre de 1997

Los padres de Alex habían vuelto a irse con sus hermanos, su madre y ella ni siquiera se dirigían la palabra así que Alex decidió invitarnos a la piscina. Mientras el país se helaba de frío, nosotras disfrutábamos del sol casi estival de Miami.

—No sé si quiero bajar ahí... —Susurré frotándome el brazo, mirando a las chicas bañarse en la piscina por la ventana. —No soy como ellas, como vosotras...

—No tienes que serlo. Mira.... Hoy es el momento perfecto para ser sincera con ellas, Olivia. Ellas ya te quieren, no te van a querer más o menos por eso. —Con la cabeza gacha, me di la vuelta, tragando un poco de saliva.

—Me da vergüenza que vean mis cicatrices. —Musité de una forma casi imperceptible, mirando de un lado a otro en el suelo. —No quiero ver mis cicatrices....

—Ven aquí. —Alex me abrazó, enredando sus dedos en mi pelo para acariciar este, dejando un beso tierno en mi sien. —Me gustan tus cicatrices, y me gusta tu cuerpo mucho más ahora. —Había ganado unos quince kilos, de pesar 40 ahora pesaba 55. Podía sentir mis brazos, mis músculos, las piernas tenían muslos más gruesos, no se me notaban las costillas ni el hueso de la cadera, mis brazos tenían una forma uniforme, más anchos, y mi cara era más redonda. —Vamos abajo.

Finalmente me convenció, y aunque estaba tímida, llegué al jardín frotándome las manos entre ellas. Las chicas hablaban dentro de la piscina hasta que se dieron cuenta de nuestra presencia. Que las tres se dieran la vuelta a la vez me ponía bastante nerviosa, odiaba captar la atención de la gente, me producía una ansiedad terrible.

—Hey, ya era hora de que bajaseis. —Comentó Christine apoyando sus brazos en el borde de la piscina. Tomé asiento en el filo de una hamaca, jugando con el final de la camiseta que llevaba puesta a modo de vestido.

—Cállate. —Alex suspiraba quitándose el vestido, y yo saludaba a Christine levantando un poco la mano, algo encogida en el asiento.

—Olivia, ven a bañarte, vamos. —Miré a Alex directamente, completamente nerviosa y sin saber qué decirle a Christine.

—Déjala en paz, Christine. —Dijo Alycia dándole un golpe en el brazo a la más alta, que se frotaba el brazo.

—¿Por qué? Quiero que se meta en el agua, no es nada malo. —La rubia le echó agua en la cara a Alycia, que se apartó de golpe abriendo la boca.

—¡Eres imbécil! —Le volvió a echar agua Alycia a Christine.

—¡No! ¡Tú eres imbécil!

—¡Callaos! —Gritó Rachel y me encogí apretando el borde de tela que tenía la hamaca. Mi cara debía ser de auténtico terror, porque Alex se colocó delante de mí en cuclillas, cogiendo su cara entre mis manos.

—Está bien. —Me susurró, antes de darme un beso tierno en los labios. Aún no me acostumbraba a dar besos, a besar a Alex. Me sentía inexperta, avergonzada, torpe, aunque ella me trataba con la mayor dulzura del mundo. —¿Vienes a bañarte conmigo, por favor? Quiero abrazarte en el agua.

Pero a pesar de todo, me encantaban sus besos.

Me deshice con cuidado de la camiseta, dejándola a un lado, y en ese momento me sentí totalmente expuesta aunque ellas no me miraban. Alex pasó un brazo por mis hombros, dándome un beso en este intentando tranquilizarme.

Era un gran reto para mí enseñarle aquello a alguien que no fuese Alex, y verlas allí delante de mí, me puso aún más nerviosa.

Mientras ellas hablaban, apretaba la mano de Alex por debajo del agua entrando en el agua, y no se habían girado para verme hasta que el agua me llegó por las rodillas, fue entonces cuando se hizo el silencio. Era lo peor que había hecho nunca. Además de las quemaduras en la espalda se le sumaban cicatrices en las piernas, en los costados, que no eran nada bonito de ver.

—Mmh... —Christine agachó la cabeza, todas se preguntaban lo mismo pero ninguna lo decía en alto, y terminé de acercarme. Se miraron entre ellas, miraron a Alex, y yo me sentía incómoda y desubicada. —Sé que no debería preguntarlo y que probablemente me odiarás cuando me escuches pero.... Me empieza a preocupar que tengas tantas marcas. —Agaché la cabeza apretando los ojos, escuchando a Rachel hablar.

—Sí.... Es.... —Se quedó en silencio sin decir nada más, negando casi para sí misma. —Necesito saber qué te está pasando.

—Estoy bien... Ahora. —Maticé encogiéndome de hombros, y todas se alarmaron levantando la cabeza y yendo hasta mí.

—¿Olivia? ¿Qué te pasó? —Christine puso las manos en mis brazos, y me encogí de hombros apartándome un poco.

—No quiero dar lástima por ahí.

—No nos das lástima, estamos preocupadas sin saber qué te ocurre. —Alycia se cruzó de brazos, y me di por vencida. —¿Tuviste un accidente? ¿Alguna enfermedad?

—Esto no es fácil. —No dejaba de mirar al agua porque no quería ver sus reacciones, no quería ver nada. —Yo.... Nací en Cuba, no soy de aquí no.... —Negué apartando la mirada hacia el bordillo, haciendo una mueca. —Mis padres no podían cuidarnos porque ni siquiera teníamos agua caliente ni algo que llevarnos a la boca, así que mi madre nos dio en adopción cuando yo tenía diez años, quizá, no lo recuerdo. —Puse una mano en el bordillo porque prefería no mirar a nadie, ni a Alex, y presioné las pequeñas piedrecitas blancas que lo recubrían. —Y llegamos aquí a Miami, sólo que cuando llegamos no era como mi madre imaginó. Me pegaban, me pegaban mucho. Yo tenía que cuidar de la casa y sólo un año me dejaron ir al instituto, aunque luego me quitaron de nuevo. Estaba siempre borracho, y me pegaba cuando quería, no le hacía falta ninguna razón. Casi siempre empezaba quitándose el cinturón y me golpeaba con él en la parte de detrás de las piernas hasta que no podía tenerme en pie. —Lo contaba como si nada, jugando con las pequeñas piedras en el bordillo. —Y luego él.... Me tumbaba en la cama y me quemaba la espalda con cigarrillos, todos los días. Me empujaba, me quemaba las manos en la hornilla, y muchas veces.... No sabía si iba a haber un día siguiente. Al principio sólo eran bofetadas, luego empujones y bofetadas, después se puso más agresivo. Sus hijos ni siquiera se inmutaban al verme porque era costumbre que me pegase aquellas palizas. Una vez me dio una paliza de la que no podía ni siquiera levantarme, me cogió del pelo y me arrastró hasta el embarcadero que había delante de mi casa y me.... Me tiró al agua. —Apreté las piedrecitas entre mis dedos, sintiendo cómo casi el corazón se me salía del pecho al recordarlo. —Tenía la muñeca mal por los golpes y él me la terminó de partir como si fuese un palo y ese día fue cuando me quemó las manos en la sartén. —Tragué saliva apoyando los codos en el borde, enredando las manos en mi pelo. —Pero la última vez fue.... Creía que estaba muerta. Quería llamar a Alex y decirle que la quería pero él me pilló y entonces.... Me obligó a.... Me obligó a.... —Apreté los ojos porque no quería recordarlo. —Me obligó a hacer algo que no quería y.... Empezó a pegarme patadas en la cara, en el estómago, en los costados.... Con un bate golpeó mis piernas y todo lo que podía porque yo era como un saco de huesos y lo di todo por perdido hasta que me desperté y vi a Alex.... —Volví a apretar los dedos en el hormigón de la piscina, girándome hacia ellas. Estaban llorando a lágrima viva y yo no me había dado cuenta, y me abrazaron.

Sin duda, me sentí mucho mejor al hacer eso, me estaba sintiendo comprendida porque ninguna de ellas se paró a pensar en lo que yo sentía cuando gritaban entre ellas y yo no quería escucharlas y me tapaba los oídos o huía de allí.

Alex, 15 de noviembre de 1997

Lo primero que vi al abrir la puerta de casa tras el instituto fue a Hank y a mi madre preparando la comida.

—Qué coño hace este aquí. —Dije cerrando la puerta de un golpe y los dos se volvieron al instante. —Fuera de mi casa. Dónde están papá, Chris y Taylor. —Apreté los puños mirándolo a él, que me sonreía de esa forma cínica y manipuladora.

—¿Por qué le tratas así? —Mi madre puso las manos en los hombros de Hank, que limpiaba la cuchara con un trapo. —Es Hank, tu novio.

—Te recuerdo que es un maltratador y que casi me mata. Quieres que te lo recuerde o no. —Mi madre negó con una risa, echando la comida en los platos.

—Creo que sólo es un intento de llamar la atención, como salir con esa.... Esa chica. —Sacudió la cabeza y yo volví a coger la mochila, saliendo por la puerta de casa de nuevo. —¡Alex! —Escuché antes de cerrar, pero yo ya iba calle arriba, llamando a la puerta de casa de Olivia.

—¿Alex? —Llevaba aún el uniforme del instituto porque acabábamos de llegar y yo comencé a llorar quitándome las lágrimas de las mejillas.

—Ayúdame.

Cuando entré y conté lo que acababa de pasar, Rita me hizo comer con ellas, pero yo no podía levantar la cabeza. ¿Qué le pasaba? ¿Por qué mi propia madre me hacía ese tipo de cosas? Me habían maltratado durante casi un año y ella pensaba que todo era una invención mía para llamar la atención y además, la culpa la tenía Olivia.

Aquella noche me quedé a dormir en casa de los Morgan, arriba en el desván. Tenían una pequeña cama que habían acondicionado, porque además de la habitación de invitados hacían falta más camas para acomodar a la familia de Olivia si venía de Cuba, pero yo elegí el desván. No quería molestar a aquella familia que me había dejado su casa, así que decidí quedarme allí con la luz atenuada y leyendo los apuntes de geografía. Olivia tenía que ir al médico, así que yo me quedé recluida toda la tarde hasta que llegó la noche, y ella subió con una bandeja en la mano porque me había negado a cenar al no tener hambre.

—Mi madre hizo enchilada. —Dijo señalando el plato, dejándolo en el pequeño escritorio del desván, sentándose a mi lado. —Deberías comer un poco.

—Es tarde. —Miré el reloj de mi muñeca, marcaban las doce de la noche y ya todo el mundo en esa casa dormía.

—Da igual, debes comer. —Cogió el plato y cortó un trozo, acercándomelo a la boca, y muy a mi pesar, acabé comiendo un poco. Mientras yo comía, su mano se puso sobre mi rodilla, acariciándola un poco. —No debería haberte dejado sola hoy.

—No importa, tienes cosas que hacer. —Me encogí de hombros con el plato en la mano, dándole otro nuevo bocado.

—Lo siento, Alex.... —Quizás me había entendido mal, pero negué girándome hacia ella.

Sus labios se unieron a los míos en un beso lento, suave, sus labios presionaban los míos de una forma limpia y precisa, pero decidí que ya bastaba. Mi lengua se coló en su boca lentamente, provocando un suspiro suave proveniente de su garganta, y así pasaron varios minutos hasta que me separé.

—¿Me dejas hacer una cosa? —Ella estaba algo tímida, pero asintió. La cogí de las manos y se levantó quedando frente a mí. —¿Puedes quitarte la camiseta? —Olivia dudó, jugueteando con el borde de la tela suavemente, hasta que la sacó por su cabeza quedando en sujetador frente a mí.

Le di la vuelta con cuidado, pasando las manos por sus costados y mi vista se fijó en las marcas que llenaban su espalda. Estaban por todas partes, así que me agaché y comencé a besar lentamente todas y cada una de aquellas cicatrices rojizas que pintaban su piel, que la hacían parecer débil, maltratada como un saco de arena, comencé a besar, con dedicación y delicadeza. Olivia era sensible, era como las alas de una mariposa. Si la tocabas un poco, se desmoronaba y no sabía si ella podría volver a alzar el vuelo.

Puse una mano en su cintura para agarrarme, y noté su mano posarse sobre la mía, acariciando mis dedos suavemente. Subí los besos por su espalda hasta llegar a su nuca, dejando besos en estas marcas, rodeando su cintura con mis brazos para pegarla a mí.

—Alex. —Escuché su voz algo temblorosa, y la vi girarse antes de besarme, pero esta vez fue diferente. Era profundo, sus labios se abrían para darle paso a su lengua. —Quiero.... Quiero hacerlo. —Noté sus manos temblar y aferrarse a mi camiseta.

—No te quiero presionar. —Ella negó, tirando de la tela y sentándose en la cama.

—Alex, por favor. —Susurró mirándome a los ojos, dándome otro beso de aquellos que me dejaban casi sin aliento.

La despojé de la ropa con delicadeza, intentando que no se asustase, que sintiese que todo era suave, que todo era delicado, que no iba a hacerle daño. La estaba viendo en ropa interior tumbada frente a mí pero.... Yo quería un paso más. Subí la palma de la mano por su espalda hasta llegar al broche de su sujetador. La miré antes de hacer nada, buscando sus ojos y asintió un poco para darme su confirmación. Lo desabroché y lo saqué por sus brazos, pero me quedé parada. Olivia estaba casi desnuda debajo de mí, y no podía apartar la mirada de ella porque era simplemente preciosa. Pero cuando me deshice de su ropa interior, fue un nivel superior incluso. Podía notar el tono rosado de sus mejillas, el sudor en su frente, su pecho subir y bajar del nerviosismo y sus manos temblar al ponerlas en mi cara.

—¿Estás segura? —Pregunté sobre sus labios, y ella asintió lentamente con los ojos cerrados. Quería que lo hiciese ya casi desesperadamente.

Mi boca besó su cuello, y mi mano se coló entre sus piernas para acariciar su clítoris y al primer contacto, Olivia soltó un jadeo contra mi oído, apretando mi hombro con fuerza. Simplemente presionaba, movía el dedo poco a poco sobre su clítoris y bajaba el dedo entre su sexo para notar cómo su humedad crecía cada vez más. Coloqué una mano sobre su boca evitando que sus gemidos inundasen el desván, y ella estaba gimoteando con tan solo estimularla con mis dedos. Creo que no había sentido nada tan placentero como eso, ni siquiera tener sexo directamente.

—Olivia, ahora sentirás alguna molestia pero.... Es normal. —Susurré en sus labios, besando su barbilla a la vez que ella asentía.

Introduje la mitad de un dedo, y sus dedos se tornaron blancos de apretar mi hombro, pero no me importó. Introduje la otra mitad hasta que estuve completamente en su interior, y comencé a moverme lentamente, pero no duró más porque Olivia gimió contra mi boca y ahogó los gemidos en esta, cuando sentí cómo sus paredes se apretaban contra mis dedos. Su respiración se calmó, y apoyé las manos a los lados de su cabeza.

Olivia estaba llorando.

Coloqué una mano en su mejilla algo preocupada, apartando las lágrimas con el pulgar.

—¿Qué ocurre? —Pregunté sintiendo cómo su mirada se clavaba en la mía esbozando una sonrisa.

—Que te quiero.

Capítulo 19

Alex, 15 de noviembre de 1997

El cuerpo de Olivia estaba de espaldas frente a mí, durmiendo sin que nada la molestase. Era temprano, las ocho de la mañana de un sábado pero yo no podía dejar de mirar a Olivia. Las marcas de su espalda relucían bajo la luz débil y Marie que entraba por la ventana, y aunque Olivia se puso de nuevo un pantalón y su sujetador, la tenía allí delante, chocando su piel contra la mía. Retiré con los dedos suavemente el pelo que cubría su nuca, e incliné la cabeza para besar sus hombros de forma lenta, marcando cada cicatriz con mis labios, dejando besos suaves y delicados que intentaban curarla, cerrar heridas que no eran superficiales como aquellas quemaduras.

Olivia se apartó de golpe al sentirme, agitada, y puse una mano en su brazo para tranquilizarla.

—Soy yo. —Dije simplemente, y Olivia volvió a tumbarse, apretando mi mano que reposaba en su abdomen, y ella suspiró quedándose dormida de nuevo.

Me gustaba cada parte de ella, me gustaba su cuello, me gustaban sus hombros, me gustaba esa manera tan sutil de coger mi mano y enlazar sus dedos con los míos. Me gustaba cómo Olivia me miraba sin decir nada, o cómo simplemente se mordía el labio un poco cuando le decía que era preciosa.

—Buenos días.... —Murmuró ella girándose hacia mí, agachando la cabeza y tapándose hasta la barbilla evitando que la viese. Mientras, la pegué contra mí, dándole un beso en la frente que la hizo cerrar los ojos.

—¿Estás bien? —Fue mi primera pregunta, a la que ella asintió y mi mano se enredó en su pelo, dejando suaves caricias en este. —¿Cómo te sientes....?

—¿A qué te refieres? —Musitó Olivia, y la miré un momento sin decir nada, haciéndola entender de aquella manera. —Me siento bien, gracias.... —Agachó la cabeza completamente sonrojada, y solté una suave risa para terminar abrazándola contra mí. —Hueles a limón....

Su voz era más baja de lo normal, y me hacía sonreír a cada palabra que decía. Ella se merecía aquello, se merecía que la tratasen bien, con la mayor delicadeza del mundo.

—No sé qué hacer con lo de Hank, no quiero que se acerque a mí, quiero que vaya a la cárcel. —Pronuncié esas palabras mientras me ataba los zapatos, y Olivia me miraba de brazos cruzados en mitad del desván.

—Podrías.... Podrías denunciarle. —Se encogió de hombros y alcé la mirada hacia ella para escucharla. —Si lo denuncias habrá un juicio, y en el juicio pues.... Se decidirá que castigo tendrá.

—¿Y si deciden que no es culpable? —Me puse de pie delante de ella.

—Tienes pruebas en su contra.

*

Alex, 23 de noviembre de 1997

Tal y como Olivia me había dicho, lo denuncié y el juicio, aunque algo tardío, llegó.

Mi madre estaba en el juzgado, pero no para apoyarme. Aunque, mi padre, mis hermanos, los padres de Olivia, Olivia y Charlie estaban allí. También estaba Hank sentado en la mesa a la que yo me aproximaba, sentándome al lado del abogado que mi padre había contratado. Escondí las manos debajo de la mesa, y aquél hombre se giró hacia mí.

—Sólo cuéntales la verdad, Alex. —Justo en ese momento la jueza pasaba por nuestro lado, y asentí sintiendo cómo la mirada de Hank se clavaba en mí. Lo odiaba. Odiaba aquello. Quería que se pudriese en la cárcel y eso iba a hacer.

Y cuando me llamaron para hablar, lo miré a él directamente, apretando la mandíbula.

—Entonces, señorita Portier, usted denunció a Hank por malos tratos. ¿Durante cuánto tiempo fue? —Preguntó la jueza, y tomé una bocanada de aire antes de hablar.

—Un año. —Respondí yo, manteniéndome seria mirando al frente.

—¿Qué ocurrió durante ese año?

—Él me pegaba. Siempre que quería, por cualquier cosa. —Respondí, pasándome la lengua por el labio inferior.

—¿Cómo qué cosas? ¿Podrías contarnos algo de lo que pasó, algún acontecimiento? —Me froté las manos mirando al suelo, y asentí.

—Estábamos en casa de unos amigos en Fort Lauderdale, Charlie también estaba. Bebíamos, bailábamos, era una fiesta. Pero él.... Siempre se ponía más violento cuando bebía. Y hubo un momento en el que él fue al baño, y yo seguí bailando con mis amigos. Hablé con un chico, comentamos cosas sobre lo genial que sería vivir tan cerca de la playa en una zona como aquella, y cuando Hank volvió me apretó la muñeca y me sacó a tirones del salón hasta llegar al baño. Empezó a gritarme, a decirme que.... Que era una puta, que no valía para nada y que sólo llegaría a ser algo en la vida si seguía con él. Yo quería irme, pero él comenzó a darme puñetazos en la cara, en el ojo, por.... Por los costados, hasta que me dejó en el suelo. Luego me agarró del pelo y me metió la cabeza en el váter para después tirar de la cadena hasta que Charlie entró y me sacó de allí.

Me temblaban tanto las manos que, decidí jugar a mi favor y ponerlas encima de la madera para que la jueza las viera, porque no estaba mintiendo.

—¿Era agresivo sólo cuando bebía o siempre era así?

—Él era siempre agresivo, pero cuando bebía se desataba. Solía.... —Me paré un momento para intentar no llorar, pero no podía, aquello me estaba consumiendo, y me retiré las lágrimas que caían por mis mejillas, pero tampoco podía parar. —Solía pegarme hasta que me dejaba inconsciente, y cuando me levantaba estaba desnuda en su cama con.... Un preservativo usado al lado, y cervezas a mi alrededor. Él.... Me hacía esas cosas sin que yo quisiera, sin que yo pudiese decir sí o no. —Apreté los labios con la cabeza agachada, presionando entre mis dedos un pañuelo.

—Él te violaba. —Era más duro de escuchar así, pero asentí comenzando a llorar un poco más.

Con todo lo de Olivia, no me había dado tiempo para reflexionar sobre todo lo que había vivido porque tenía que preocuparme por ella. No había pensado en todas las cosas que había sufrido, ni lo que me habían hecho.

Charlie fue la siguiente.

—Yo sabía que Hank le pegaba porque Alex me lo contaba y yo lo veía. Siempre aparecía con un ojo morado, con dolor en las costillas o cosas como esa. Siempre le decía que fuese a denunciarle, que lo dejase, pero tenía miedo.

—Pero usted no tiene ninguna prueba de eso. —Le dijo el abogado de Hank a Charlie, y esta sacó unas fotos.

—Siempre creí que ella debería mostrárselo al mundo y yo hago fotos y las envío a galerías de arte, a veces las aceptan y otras no, así que cuando veía que Alex venía así fingía estar colocada y le pedía hacerle fotos. Si se lo pedía estando normal, me diría que no porque sabría que lo iba a enseñar, pero si era así, probablemente pensaría que era una tontería.

La jueza tomó las fotos, examinándolas por encima y terminó por asentir.

—Se admite. —Le dio la foto a uno de los secretarios que la guardó en un sobre color mostaza, y Hank se retorció en su silla.

El siguiente fue Chris, que se sentó mirando a Hank sin siquiera pestañear, juraría que en cualquier momento se abalanzaría sobre él y comenzaría a apalearlo.

—Usted vio en primera persona la última vez que supuestamente mi cliente pegó a su hermana. ¿Correcto? —El abogado jugaba con una hoja entre sus manos.

—Correcto.

—Entonces, ¿por qué deberíamos creerle si es su hermano?

—Porque acabo de jurar que diría toda la verdad ante la constitución y mentir conlleva pena de cárcel. —El abogado suspiró, pero Chris no se movió un pelo.

—Entonces, señor Chris Portier, ¿usted vio en algún momento a Hank pegar a Alex?

—Sí. —Respondió firme cruzando las manos encima de su regazo.

—¿Qué vio usted exactamente? —Preguntó el abogado de Hank. Mi hermano comenzó a sentirse incómodo, no asustado, más bien enfadado y con ganas de que Hank se pasase su vida entre rejas. —Y cómo ocurrió todo. —Añadió él.

—Mi hermana me pidió que la llevase a casa de Hank y....

—O sea que ella quería ir a casa de su novio. —Chris apretó la mandíbula negando.

—No. Mi hermana estaba inconsciente en la cama, así que Taylor, nuestra hermana pequeña, la despertó porque Hank le había dicho a mi madre que tenía una cita con él.

—¿Tienes pruebas de que estaba inconsciente o es lo que te dijo ella?

—Alex tenía una marca en la frente, roja, algo hinchada, no sé bien de qué era.

—Pero ella....

—Señoría, —mi abogado interrumpió levantándose— el abogado no deja que mi testigo cuente su testimonio.

—Continúe, Chris. —Dio paso la jueza, y mi hermano asintió.

—Alex me dijo que estaba bien, así que me la llevé. Aunque me decía que estaba bien, yo llevaba notándola algo rara aquellos últimos meses. Entonces aparqué frente a la puerta de casa de Hank, y siempre tengo por costumbre esperar hasta que mis hermanas entran a un sitio, para ver que están bien. Yo sabía que algo iba mal, sabía que a Alex le pasaba algo y quería observar qué hacía cuando no había nadie delante. Pero cuando él salió, comenzó a...... A pegarle y.... —A Chris empezó a temblarle la voz y se pasó las manos por la cara. —No podía ver cómo le daba patadas a mi hermana, cómo la tiraba al suelo, y le tiraba del pelo.... Así que le partí la cara, si tengo que recibir un castigo por eso lo haré, pero fue en defensa de mi hermana.

—No va a recibir ningún castigo, porque este juicio trata otro caso, señor Portier, gracias.

Y el siguiente fue mi padre.

—Mi hija siempre había sido una niña alegre, siempre estaba sonriendo, repartiendo abrazos, diciendo que me quería. Era mi niña, hasta que un mes después o algo así de que empezase a salir con Hank, todo cambió. Empezó a estar en silencio la mayoría del tiempo, perdió mucho peso, no quería comer. Cada vez que le preguntábamos cómo estaba Hank, se tensaba y siempre aparecía con un moratón en el ojo o los brazos, y siempre tenía la misma excusa, que se había caído de la moto de su amiga Charlie. Quizás me lo creía un poco, hasta que le pregunté a Charlie por su moto y me dijo que ella no tenía, sólo tenía un Chevrolet del 88 que le regaló su padrastro. Pero cuando vi a mi hija en el hospital con cada hueso roto, no pude soportarlo.

Y Olivia fue la última en subir, mirando a todas partes hasta acabar en sus manos que intentaba sujetarse.

—Y—Yo.... —Olivia se frotó la ceja con la mano, apretando los ojos.— Yo vi....

—Bien, nos han traído a una retrasada como testigo.

—Abogado. —Le llamó la atención la jueza.

—No soy retrasada. —Olivia miró al abogado de la misma forma que lo había hecho Chris. —La primera vez que vi a Alex fue en una fiesta a la que me llevó Charlie. Vi cómo Hank quería bailar con ella cogiéndola muy.... Fuerte, ¿me entiende? —Olivia miró a la jueza que asintió. —Y Alex quiso apartarse. Yo sentía que no encajaba allí, no encajo ni en este juicio.... —Miró al abogado que se apretó las manos entre ellas. —Entonces subí al tejado de su casa. Cuando estoy triste o algo así, me gusta subir al tejado a mirar al cielo. Y escuché cómo.... Cómo Hank le gritaba, cómo la empujaba y tuve que irme porque aquella situación me causaba mucha ansiedad. Pero me quedé a dormir en su casa casi sin querer, y cuando me levanté Alex tenía el ojo completamente morado e hinchado, pero me dijo que se había dado con el mueble de la cocina, aunque yo sabía que no era así porque en mi casa ocurría lo mismo. —Olivia apretó los dedos en la madera, sin apartar la vista de este.

—¿Cómo te vas a quedar a dormir en casa de una desconocida? ¿Y dónde para que ella no se de cuenta? —El abogado seguía presionando.

—Tengo.... Tengo diagnosticado trastorno de ansiedad, en ese momento no lo sabía. Los gritos y las peleas me hacen.... Querer irme, tranquilizarme, no sé dónde estoy cuando la gente grita y simplemente quiero desaparecer. Así que cuando escuché los gritos de Hank me metí en un baño hasta que.... Me dormí. Alex lloraba siempre por las noches cuando creía que yo dormía, pero me dolía mucho, me dolía mucho verla así...

Capítulo 20

Alex, 23 de noviembre de 1997

—Entonces, Hank, usted dice que mi cliente está mintiendo. —Mi abogado apretó el dossier entre sus manos, y él asintió. —¿En qué miente?

—Yo nunca le pegué. Soy un buen chico, su madre lo sabe. Nunca le haría daño. —Me revolví en la silla apretando los puños, porque aquello me estaba poniendo enferma.

—Según lo que relató mi cliente, la noche del dos de diciembre de 1996 usted le propinó una paliza en el baño de casa del señor Stevens, amigo en común. ¿Dónde estaba usted? —Mi abogado se puso las manos delante del cuerpo.

—Estaba en casa. —Comenzó a ponerse incómodo, mirando a todas partes.

—¿Alguien puede corroborar eso? —Él se quedó en silencio y asintió.

—Fui a la tienda de discos sobre las diez de la noche. —Mi abogado hizo una mueca.

—Las tiendas cierran a las ocho. —Él tragó saliva, y miró a su abogado. —Entonces, si voy y busco al dependiente de esa tienda que estaba cerrada, ¿me dirá que fue usted? —Hank se quedó en silencio, lanzando una mirada hacia mí, conocía bien eso. Era el tipo de mirada que me decían 'luego te daré una paliza hasta que no pueda moverte', pero ahora.... Ahora no podía hacer nada. —Está bien, pasemos a otra cuestión. ¿Dónde estaba usted el 30 de agosto de este año, a las siete y media de la tarde?

—Estaba en el gimnasio. —Respondió él, encogiéndose de hombros.

—Mi cliente apunta a que usted la arrinconó en un callejón junto a la tienda de discos de la que tanto habla, que presionó su garganta con el antebrazo y la amenazó con darle una paliza a Olivia, otra testigo. —Dejó los papeles en la mesa y Hank volvió su gesto algo más duro.

—Estaba en el gimnasio, ya se lo he dicho.

—Así que, de nuevo, si voy y le pregunto al dueño del gimnasio a qué hora estuvo usted allí, me dirá que usted estaba en el gimnasio. —Hank asintió y mi abogado se dio la vuelta, sacando del dossier unos folios acercándose a la mesa de la jueza. —En ese dossier se registran todos los usuarios del centro, uno a uno, y cuando entran en el gimnasio tienen que firmar. Señoría, si usted se fija bien en ese documento, Hank Parks no aparece registrado como usuario de ese gimnasio, así que es imposible que estuviese allí a esa hora.

Hank miraba a su abogado buscando una explicación, y la verdad es que yo no sabía de qué forma, el mío había conseguido esos informes, ni cómo iba a defenderse Hank.

—Pasemos a otro tema. —Mi abogado se puso las manos a la espalda quedando frente a Hank.

—Señoría, el abogado está intimidando a mi cliente. —Dijo el abogado de Hank, que estaba sudando sangre por defenderle.

—Denegado. Continúe. —Dio pie a que el mío siguiera con sus preguntas.

—Dígame, dónde estaba la noche del 15 de julio de este año. —Él se puso pálido, entreabrió los labios pero no dijo nada, porque no sabía cómo responder. Miró a la jueza, me miró a mí, miró a su abogado, y tragó saliva.

—No lo sé.

—No hay más preguntas. —Respondió, y mi abogado cogió de nuevo el maletín en el que llevaba guardado todos los documentos, sacando una nueva carpeta.

—Se llama al estrado al Doctor Johnson.

Un señor mayor, con barba canosa, vestido de traje se subió a donde Hank había estado antes, y el abogado de Hank se acercó a él.

—Un placer conocerle Doctor Johnson. —Pero el hombre no respondió, simplemente se quedó mirándolo con rostro serio. —¿Por qué estad usted aquí?

—Para valorar las heridas causadas, supuestamente, por su cliente. —El abogado asintió, cruzando las manos entre sí.

—¿Usted cree que se podría partir una pierna jugando al softball?

—Me parece difícil, pero sí, se podría. —Asintió el doctor mirando al abogado, esto no pintaba bien.

—¿Se podría partir las costillas, jugando al softball? —Asintió también.
—¿Se podría haber hecho daño en la cara jugando al softball?

—En mi opinión, cualquier actividad física implica el riesgo de lastimarse. —El abogado defensor sonrió.

—Muchas gracias. No hay más preguntas.

Mi abogado tomó la carpeta y repartió varias fotos y folios al juez y al doctor.

—Doctor Johnson, me temo que tengo que complicar algo más su trabajo. La señorita Portier dejó el equipo de softball en diciembre de 1996, ahí tienen la fecha del año en que empezó y terminó. Casualmente, justo cuando mi cliente dice que Hank le propinó aquella gran paliza en Fort Lauderdale. También, quiero que el doctor considere, debido a que mi cliente no ha practicado softball en casi un año, de qué podrían ser las lesiones. —Me removí en la silla, esperando a que el doctor hablase, pero como mi abogado me había dicho 'los huesos nunca mienten'.

Tras unos minutos observando las fotos, se decidió a hablar.

—En casos de violencia de género siempre se sucede el mismo patrón. Las costillas están partidas de una forma que sólo dándole una patada podría hacerse.

—Por lo que concordaría con el testimonio de Chris Portier, que la tiró al suelo y comenzó a patearla. —El doctor asintió, volviendo a mirar la imagen.

—Además, tiene marcas en las muñecas y en el cuello, lo que indica que la sujetaron para que no pudiese moverse, lo que concuerda también con el testimonio de la chica, y la violaron.

—No hay más preguntas.

*

Ver a Hank salir esposado del juzgado me hizo llorar, de alegría, de todo lo que tenía dentro, mientras mi padre me abrazaba, mi hermano y Taylor, mis manos temblaban, pero no podía evitar mirar a Olivia que bajaba por las escaleras. Ella estaba incluso más nerviosa que yo, y cuando me vio corrió a abrazarme. Noté cómo su cuerpo aún temblaba de nerviosismo, y para ella aquello había sido un calvario.

—Te quiero. —Me dijo en un susurro mientras nos abrazábamos, y noté cómo su respiración cálida chocaba contra mi oído, y tragué algo de saliva.

Por las escaleras bajaba mi madre, que se quedó esperando a que me apartase de Olivia para que pudiese hablar conmigo. Olivia se dio cuenta y se despidió de mí con un beso en la mejilla, yendo con mi padre que la estaba esperando para subir al coche.

—Siento mucho lo que hice. —Ni siquiera me permití hacer un gesto compasivo, o un reflejo de sonrisa. Negué apartándome de ella.

—Ve a verle a la cárcel, yo soy una mentirosa, ¿no? —Aparté sus brazos de un manotazo cuando intentó abrazarme, y me separé. —No me toques. Te lo dije, te dije que ese tío me maltrataba y tú lo defendiste. ¿Es que no se te retorcía nada en el interior al decírtelo? ¿Has tenido que ver cómo estaba en el hospital para que te dieses cuenta de que casi me muero? Tú no eres una madre. —Negué apretando los labios, dirigiéndome hacia el coche que me esperaba.

Así que, mi madre para mí estaba muerta.

Podía salir a la calle sin miedo a que apareciese él, podía estar en mi casa, aunque ni siquiera mirase a mi madre a la cara. Podía llevar a Olivia a mi habitación para escuchar música, y poco a poco, ella se fue abriendo a mí, a los demás en realidad, aunque seguía siendo aquella chica tímida que conocí en verano.

—¿Te gusta la playa? —Le pregunté mientras andábamos por la arena, y Olivia se miraba los pies, que se mezclaban con la arena blanca y el agua nítida que los cubría.

—Me gusta mucho. —Decía en voz baja, y aunque en público aún no me atrevía a decir nada, ni siquiera a cogerla de la mano, a Olivia no le importaba. —¿Tú crees que los peces son conscientes de lo bonito que es donde viven? —Solté una suave risa negando.

—Su memoria dura treinta segundos, así que no. —Ella arrugó la nariz, levantando la cabeza para mirar al frente.

—A veces me gustaría tener esa memoria. —Dijo Olivia cogiendo una piedra del suelo, acariciando esta con las yemas de los dedos.

—A mí no. —Dije tajante. —Sería muy duro no poder enamorarme de ti.

Capítulo 21

Alex, 23 de diciembre de 1997

Un mes después de aquél juicio, seguía sin dirigirle la palabra a mi madre. Por mucho que dijese que al final había ayudado a mi abogado, no quería ni siquiera cruzarme con ella en el pasillo de casa y mi padre lo entendía. Mientras, a Olivia le parecía muy dolorosa aquella situación porque decía que mi madre se merecía que no le hablase, pero a la vez pensaba que debería hablar con ella porque era mi madre. Estaba más confundida que yo, porque yo tenía bastante claro que no quería ni acercarme a ella.

Se acercaba la Navidad, y aunque en Miami no tuviésemos nieve y casi la celebrásemos en la playa, reinaba aquél espíritu navideño.

—Alex. —La voz de mi madre me sorprendió en la habitación, y ni siquiera me giré, seguí apilando la ropa en el armario. —Alex, háblame. Es Navidad.

—¿Y por Navidad debo olvidar que me dejaste vendida delante de un maltratador? —Dije metiendo una toalla en mi maleta, colgándomela al hombro. Mi madre calló, pero yo asentí.

—Yo no sabía que lo era, Alex. —Me dijo acercándose a mí, pero yo me aparté esquivándola para quedar en la puerta justo para salir.

—¿No? ¿Después de que te lo dijese unas mil veces y ninguna de esas veces me creyeses? ¿Tengo que olvidar que me apartaste porque me gusta una chica? ¿Tengo que olvidar acaso que dejaste a Olivia sin casa cuando estaba hecha pedazos, literalmente? Porque mira, vale que no aceptes que me gusta una chica, ¿pero que rechaces ayudar a una persona que se está muriendo? —Negué dándome la vuelta, escuchando por último su voz mientras bajaba por las escaleras.

—¡Te he pedido perdón porque de verdad estoy arrepentida! No actué como una persona adulta con sentido común. —Bufé negué a la vez, mirando a otro sitio, para finalmente salir de casa de mala gana y cabreada.

Pero esa sensación se pasaba cuando llegaba a casa de los Morgan y veía a Olivia. En definitiva, veía a las cuatro hablando en bikini formando un círculo en mitad del césped. En su espalda, las marcas de las quemaduras no se iban a ir, ni tampoco las cicatrices que marcaban su cuerpo y aquello era lo que más feliz me podía hacer. No se escondía de ellas, empezaba a mostrarlas aunque poco a poco, dejaba ver su cuerpo a los ojos de sus amigas. Las tres reían, menos Olivia que simplemente sonreía algo tímida. Tenía el pelo ondulado a un lado encima del hombro, dejando a la vista su clavícula derecha y un bikini azul claro que contrastaba con la piel aceitunada de Olivia.

—Lauuuur. —Rachel se acercó a mí para darme un abrazo tierno, al igual que Christine y Alycia, pero Olivia se quedó algo más apartada mirándome mientras se mordía el labio. Cuando me separé, instantáneamente rodeé el cuello de la latina con los brazos pegándola a mi pecho ya que era más bajita que yo, y le di un beso en la frente, sintiendo sus brazos rodear mi cintura con delicadeza.

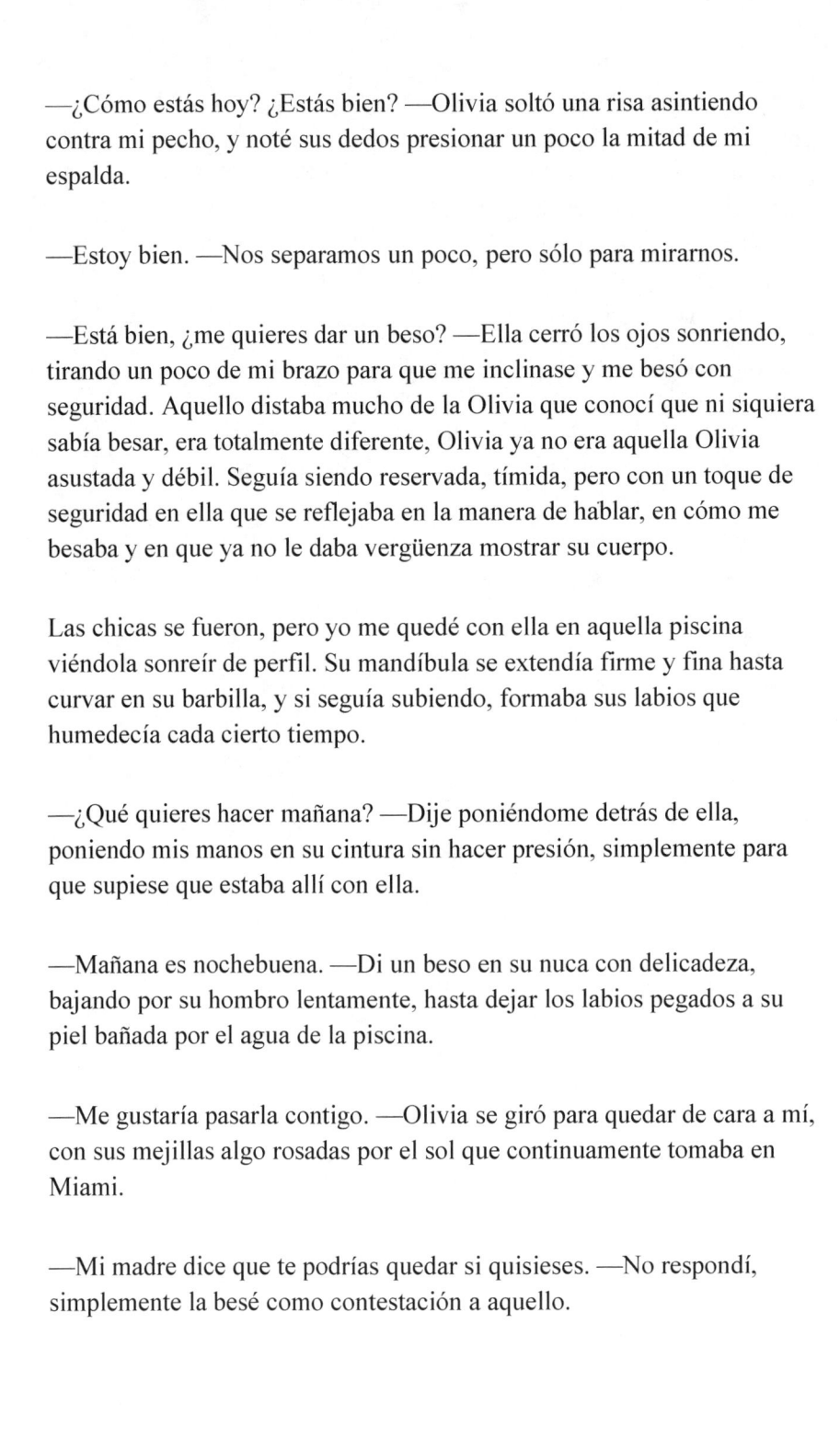

—¿Cómo estás hoy? ¿Estás bien? —Olivia soltó una risa asintiendo contra mi pecho, y noté sus dedos presionar un poco la mitad de mi espalda.

—Estoy bien. —Nos separamos un poco, pero sólo para mirarnos.

—Está bien, ¿me quieres dar un beso? —Ella cerró los ojos sonriendo, tirando un poco de mi brazo para que me inclinase y me besó con seguridad. Aquello distaba mucho de la Olivia que conocí que ni siquiera sabía besar, era totalmente diferente, Olivia ya no era aquella Olivia asustada y débil. Seguía siendo reservada, tímida, pero con un toque de seguridad en ella que se reflejaba en la manera de hablar, en cómo me besaba y en que ya no le daba vergüenza mostrar su cuerpo.

Las chicas se fueron, pero yo me quedé con ella en aquella piscina viéndola sonreír de perfil. Su mandíbula se extendía firme y fina hasta curvar en su barbilla, y si seguía subiendo, formaba sus labios que humedecía cada cierto tiempo.

—¿Qué quieres hacer mañana? —Dije poniéndome detrás de ella, poniendo mis manos en su cintura sin hacer presión, simplemente para que supiese que estaba allí con ella.

—Mañana es nochebuena. —Di un beso en su nuca con delicadeza, bajando por su hombro lentamente, hasta dejar los labios pegados a su piel bañada por el agua de la piscina.

—Me gustaría pasarla contigo. —Olivia se giró para quedar de cara a mí, con sus mejillas algo rosadas por el sol que continuamente tomaba en Miami.

—Mi madre dice que te podrías quedar si quisieses. —No respondí, simplemente la besé como contestación a aquello.

Olivia, 26 de diciembre de 1997

Me gustaba tener mi habitación perfectamente ordenada, según me decía la psicóloga, vivir tantos años en un tugurio lleno de suciedad había fomentado mi obsesión por el orden en la limpieza. También me dijo que tenía que comer un poco más, pero a mí ya me parecía demasiado, o eso creía, pero ella insistía en que estaba acostumbrada a no comer, entonces comer poco para mí era muchísimo.

Aún no me creía que mi madre me levantase por la mañana, ni poder ver la luz del sol entrar por la ventana, ni ver a mi padre irse a trabajar, ni a mi hermana pintar en la mesa del salón. Aún no asimilaba que yo tenía una casa, una habitación propia. Que tenía ropa, lápices de colores y libretas donde escribir. No podía imaginar que cuando me levantase, nadie me estaría esperando para pegarme, que nadie iba a hacerme daño, que no iba a temblar ya nunca más. No aceptaba el hecho de que todo se había acabado, que no había aliento a alcohol y olor a sudor, que no tenía que escaparme por la ventana, que al día siguiente no tendría el cuerpo totalmente roto, dolorido, fracturado en mil pedazos. Que podía comer, que.... Tenía una vida normal.

Cuando terminé de estudiar aquella mañana, puse los libros apilados y juntos en la esquina de la mesa pegada a la pared, con el estuche púrpura lleno de bolígrafos encima.

—Olivia, tienes visita. —La voz de mi madre parecía algo más grave de lo normal, cosa que me pareció rara, siempre era una persona agradable.

Bajé las escaleras y pude ir viendo poco a poco el cuerpo de Marie, que permanecía frente a la puerta. Mi madre estaba a un lado, apretando los dedos entre sí, y estaba algo molesta por aquello, lo sabía.

—Hola señora Portier. —Dije de forma educada, pasándome un mechón de pelo tras la oreja.

—Hola Olivia, ¿podemos hablar un momento? —Entreabrí los labios y miré a mi madre, no era quién para decirle que nos dejase a solas, la respetaba demasiado para decirle eso en su propia casa.

—Ahora vengo, mamá. —Sonreí un poco, saliendo al jardín con Marie y cerré la puerta de casa. —¿Qué quiere....? —Pregunté cruzada de brazos mirando las baldosas de piedra blanca. —Si es por Alex, no sé dónde está.

—Vengo a hablar contigo. —Me removí un poco sin levantar la cabeza, esperando su explicación. —Siento mucho cómo te traté, Olivia. Desde luego no es de una persona adulta y madura.

—Desde luego que no. —Murmuré para mis adentros, levantando la mirada hacia ella.

—Quería decirte que me parece bien que estés con Alex, a fin de cuentas es mi hija. No es como yo lo había imaginado pero te quiere, y es lo que importa. —Asentí sin decir nada más, llevando mi mirada hacia los ojos de aquella, que para mí, era una completa extraña, pero era la madre de mi novia.

—A mí me da igual lo que usted haya hecho conmigo, de alguna forma, está aquí para recuperar a su hija no para pedirme perdón a mí. —Me encogí de hombros andando un poco por el jardín.

—No vengo para recuperar a Alex, ella no quiere ni mirarme. —Aquellas palabras eran lo más duro que había oído en un tiempo, y a eso, se le sumaba la tristeza de la voz de Marie. —Vengo por ti, ya te lo he dicho. Sé que nunca voy a recuperar a mi hija, pero al menos

disculparme de algo que me arrepiento me hará sentir mejor, ¿no? —
Negué con los ojos apretados.

—No estoy enfadada con usted, no tiene que pedirme perdón. —
Respondí soltando los brazos, frotándome uno con la mano. —Acepto las
disculpas, pero no hacen falta. —Sonreí un poco, provocando una
pequeña sonrisa en el rostro de la mujer.

—Si quieres, algún día, puedes venir a comer pollo paprika con nosotros.
—Se encogió de hombros adelantándome un poco en el jardín y asentí
con los ojos apretados, hacía mucho que no lo comía.

—Gracias, señora Portier.

—Llámame Marie. —Dijo con una sonrisa algo más extendida.

—Gracias, Marie.

Olivia, 1 de enero de 1998

Caminaba por la playa al lado de Alex, mirando cómo mis pies pisaban
la arena lisa y rígida, mojada, y el agua de las olas pasaba por encima.
Algunas conchas, caracolas y algas estaban desperdigadas por la orilla, y
a mí me fascinaba todo aquello. Había un mundo dentro del mar que aún
no conocíamos.

—¡Olivia, mira! —Gritaba ella, y cuando levanté la cabeza tenía un palo
en la mano y de este colgaba un alga verde oscuro, asquerosa y viscosa.
Se acercó a mí y negué comenzando a correr.

—¡Alex déjame! —Dije riendo mientras corría por la orilla con Alex detrás, pero yo no corría tan rápido como ella, así que me atrapó, pero ya no tenía el palo, simplemente me abrazó por la espalda, aunque luego me soltó.

Aún no habíamos decidido salir en público, porque.... Ambas nos sentíamos cohibidas e incómodas. En realidad, era un verdadero fastidio. En aquella playa sobre todo, porque estaba llena de parejas que se besaban, iban cogidas de la mano y nosotras.... Nosotras teníamos que fingir que éramos simplemente amigas.

—Estás muy guapa hoy. —Me dijo en voz baja mientras llegábamos a las rocas, y aunque yo sonreía como una idiota, me impulsé gracias a sus manos, siguiendo sus pasos en las rocas para no caerme entre ellas.

Paso a paso, piedra a piedra, llegamos hasta las que daban al agua, cubiertas por algo de verdín pero bastante accesibles. Tenían lapas, mejillones pegados, y el agua subía con cada ola rozando nuestros pies. Aquél sonido del mar me relajaba aún más que el de la piscina de casa, era natural, y olía a salitre.

—Me gustaría poder sentarme detrás de ti y abrazarte, eso estaría genial. —Dijo Alex, provocando que me sonrojase considerablemente y desviase la vista hacia el mar, azul turquesa y cristalino.

—Tu madre vino a hablar conmigo hace unos días. —Dije mirándola, cogiendo una caracola que andaba por la roca y la observé, viendo que el molusco se escondía en la concha.

—Ya quiere convencerte para....

—Alex.... —Reí un poco, porque con lo que iba a decir Alex iba a matarme. —Tu madre vino a pedirme perdón por lo que me hizo. Lo que me dijo fue muy.... Fue muy fuerte Alex. Tú no puedes fingir un tono de voz, puedes fingir lo que dices, pero la voz....

—Qué te dijo. —Me cortó Alex firme, y suspiré apretando los ojos.

—Que sabía que nunca iba a recuperarte, pero que al menos quería sentirse mejor con ella misma y me pidió que la perdonase. Y lo hice. —Alex se quedó en silencio abrazada a sus piernas. —Me dijo que si algún día quería podía ir a comer de nuevo pollo paprika a tu casa, que lo haría para mí. —Ella no respondió, y yo tampoco, sólo añadí:

—Deberías perdonar a tu madre.

Ella no respondió, pero volvimos a nuestras toallas en la playa. Cuando me senté, alargué la mano hasta mi mochila y saqué un CD. Era bastante moderno, era la primera vez que grababa yo misma en un CD, siempre lo hacía en cintas.

—Alex, esto es para ti. —Se lo tendí, y ella se giró cogiendo la carcasa de plástico con la mano.

—¿Qué canciones son? —Me encogí de hombros volviendo a tumbarme en la toalla.

Si quería saberlo, tendría que escuchar.

Alex, 2 de enero de 1998

—¿A qué hora llegarás a casa? —La voz de mi madre llenaba el salón, y no pude evitar bajar las escaleras un poco.

—Sobre las diez o así. Si tenéis hambre no me esperéis para cenar, ¿vale? —Contestó mi padre, siempre era demasiado bueno con ella.

—Te esperaré yo aunque sea. —Respondió ella, y tras unos minutos en los que no pude escuchar nada más porque estaban fuera, entró de nuevo en casa.

Terminé de bajar las escaleras y allí estaba mi madre, limpiando la mesa de la cocina. Ella se quedó mirándome un momento, señalando el plato que tenía apartado para mí porque yo nunca quería comer con ellos.

—¿Tienes hambre? Puedo calentarte esto en un segundo. —Negué apretando los labios, acercándome a la mesa de madera que presidía la cocina.

—Olivia me contó que fuiste a verla. —Dejó el trapo encima de la mesa secándose las manos con otro limpio.

—No fui por lo que tú crees. Mira, Alex.... He sido una madre horrible, y te he perdido. —Mi madre sonreía de la forma más triste en la que una persona puede hacerlo. Olivia llevaba razón, esas cosas no se pueden fingir. —Te he perdido para siempre porque estas cosas no se pueden perdonar, pero lo que hice con Olivia sí. Sé que no puedo sentirme bien como madre, pero al menos quería sentirme mejor como persona.

El silencio fue más duro de lo que creía, y yo era más débil de lo que pensaba. Quería a mi madre, y sabía que de verdad se arrepentía de aquello. Conocía sus maneras de mentir, su ingenio para evitar situaciones incómodas, pero esa no era una de ellas porque no la podía evitar.

—Papá me contaba que cuando era un bebé y lloraba, tú me cogías y me ponías en tu pecho mientras te sentabas en el sofá en mitad de la noche, porque era la única manera de que yo me durmiese. —No quería que mi madre se pusiese a llorar, pero lo estaba haciendo, y a mí me estaba matando verla así. —Siento no ser lo que tú querías cuando era un bebé, mamá. Pero soy así, y no puedo cambiarlo. No quiero cambiarlo. —Mi madre se encogió de hombros limpiándose las lágrimas de los ojos, intentando coger algo de aliento.

—No me importa como seas. Quiero a mi hija, ya está. —Me aparté de la mesa y me acerqué a ella, abrazándola con dulzura, aunque ella me apretó entre sus brazos. La sentí llorar, compungida, culpable, y supongo que es esa conexión que tienen las madres y las hijas, porque yo también estaba llorando.

*

Nobody sees, nobody knows

We are a secret can't be exposed

That's how it is, that's how it goes

Far from the others, close to each other

La voz de Olivia era tan delicada y sutil, tan cambiante y serena a la vez, acompañada del piano, que era mejor que cualquier cantante grabado en un estudio. Era simplemente única, Olivia tenía un verdadero don.

In the daylight, in the daylight

When the sun is shining

On the late night, on the late night

When the moon is blinding

In the plain sight, plain sight

Like stars in hiding

You and I burn on, on

Put two and to—gether, for—ever will never change

Two and to—gether will never change

Nobody sees, nobody knows

We are a secret, can't be exposed

That's how it is, that's how it goes

Far from the others, close to each other

That's when we uncover, cover, cover

That's when we uncover, cover, cover

My asylum, my asylum is in your arms

When the world gives heavy burdens

I can bear a thousand times

On your shoulder, on your shoulder

I can reach an endless sky

Feels like paradise

Put two and to—gether, for—ever will never change

Two and to—gether will never change

Nobody sees, nobody knows

We are a secret, can't be exposed

That's how it is, that's how it goes

Far from the others, close to each other

That's when we uncover, cover, cover

That's when we uncover, cover, cover

We could build a universe right here

All the world could disappear

Wouldn't notice, wouldn't care

We can build a universe right here

The world could disappear

I just need you near

Nobody sees, nobody knows

We are a secret, can't be exposed

That's how it is, that's how it goes

Far from the others, close to each other

That's when we uncover, cover, cover

That's when we uncover, cover, cover

That's when we uncover.

Su mente nunca dejaba de componer música en su cabeza, eran pensamientos a los que les ponía rima, ritmo y compás. Su mente era arte, y reflejaba exactamente lo que pensaba en aquellas canciones.

Aquella primera canción que la escuché cantar a piano, la llamó Fire Meet Gasoline.

Me gustaría poder abrazarla en público, y besarla, pero el miedo que nos daba la reacción de la gente.... Era demasiado. Nuestro país no era Europa, aquí te machacaban de por vida, y Olivia y yo estábamos sufriendo con eso. Quería a Olivia, y algún día, me encantaría poder parecer una pareja normal.

1. Fire Meet Gasoline. *

2. Uncover. *

3. Secret Love Song. *

4. Perfect two. *

5. Fools. *

6. American Mouth, Flightless Bird. *

Esas eran las canciones del disco hecho por Olivia, y su voz era mágica. Las letras me hacían llorar, sonreír, encogerme el corazón y enamorarme una y mil veces más de ella.

Capítulo 22

Olivia, 7 de noviembre de 2008, Miami

El amor adolescente es efímero. El amor adolescente es sufrido. Pero el amor adolescente es apasionado, intenso, doloroso, persuasivo. Todo acaba, es verdad, pero se hace difícil olvidar.

En la consulta, la lluvia torrencial que solía caer en Miami azotaba la ciudad, y desde el despacho podía ver cómo los barcos se movían de forma brusca en la bahía. En el mar, las olas picadas formaban un precioso cuadro mezclando el blanco de la espuma con el azul intenso del atlántico y esa era una buena forma de trabajar.

Coloqué algunos peluches en la estantería, los libros que estaban esparcidos en la mesa infantil en mitad de la sala, hasta que sonó el teléfono. Pulsé el botón para que saltase el altavoz.

—Olivia, tienes una cita con el abogado mañana a las cinco, ¿te viene bien esa hora o la cambio? —Apoyé las manos en la mesa del despacho, ordenando los informes hasta ponerlos a un lado de la mesa. Aquella obsesión por el orden tampoco había cambiado.

—A las cinco tengo consulta, ¿podrías intentar atrasarla hasta las siete? —Aquél proceso de divorcio me estaba dejando por los suelos anímicamente. No por mi ex marido, sino por el hecho de tener que ir a juicio a deMarier y que me denegaran aquella deMarieción una y otra vez.

—No, claro. —Colgó, y yo me levanté para seguir colocando los juguetes en los estantes, y los libros por orden alfabético para poder encontrarlos fácilmente.

Llamaron a la puerta, pero yo estaba demasiado ocupada como para darme la vuelta.

—Adelante. —Escuché la puerta abrirse, y coloqué las piezas de un rompecabezas en su caja. —Siéntate en el sillón corazón, ahora estoy contigo. —Dije dejando la caja en la estantería.

—Hace once años me enamoré de una chica. Era un pedazo de papel que podías arrugar y romper, pero era perfecta. —Me fui dando la vuelta lentamente, y allí estaba ella. Su voz, ronca, rasgada, mucho más que cuando estaba conmigo. —Era preciosa, era inocente, era todo lo bueno de aquél asqueroso mundo. Y yo intenté protegerla, le di mi corazón por completo y ella me dio el suyo. Nos queríamos, ¿sabes? Nos queríamos de una forma intensa, de una forma diferente a todo el mundo. Sólo me bastaba con que me acariciase la mejilla, o con un abrazo para sentirme feliz durante todo el día. Poco a poco, aquél trozo de papel se fue convirtiendo en un trozo de cartón. Ella encontró la felicidad, encontró a su familia, me seguía teniendo a mí, y todo era perfecto. Ella dibujaba sus pensamientos en canciones, y yo escribía los míos en cuadros. Ella disfrutaba de la música que yo le enseñaba, y yo me deleitaba de la música que ella componía. Aquella chica a la que le habían pegado palizas durante toda su vida, estaba en mis brazos, rogando que arreglase aquello que le habían hecho, pero no me hizo falta mucho. Poco a poco, con cada beso, aquél caparazón de timidez y negatividad se fue desmontando. No necesitábamos tener sexo para ser una pareja, nos queríamos y eso superaba a cualquier otra cosa. Cuando la perdí, aquél trozo de cartón era ya una roca. Pero no me dejó porque no me necesitase, me dejó porque la vida seguía. Y ese día en que todo acabó, juré que volvería a encontrarla. —Se quedó en silencio con el verde de sus ojos clavados en mí. Me temblaba hasta la más mínima parte de mi cuerpo, no me había sentido así desde que ella y yo estábamos juntas. El corazón bombeaba tan fuerte que golpeaba el pecho, las manos habían comenzado a sudarme y, de repente, volvía a ser aquella adolescente enamorada de su novia. —Y te encontré. —Dijo finalmente, arqueando una débil sonrisa. —Tú y yo estamos unidas por algo más fuerte que el amor. Cuando dos personas viven lo que tú y yo vivimos.... Todo cambia. Tú fulminaste mi dolor, y yo alivié el tuyo. Nos refugiamos entre nosotras cuando todo era una mierda porque los problemas desaparecían. Cuando te besaba, sentía que el mundo podía irse a la mierda, me daba igual porque te tenía a ti. Tú eras capaz de hacerme feliz con mirarme de aquella forma tan inocente, y.... Pura. No sé si lo logré yo contigo, pero sé que me querías. Y cuando dos personas pasan por algo así juntas.... Quedan unidas de por vida. —Tragué saliva al escucharla, sintiendo que iba a empezar a llorar de un momento a otro. —No sé si estás casada, no sé qué es esta consulta, sólo sé que fui idiota y me dejaste. Y si hablo por mí, sigo enamorada de ti como la maldita primera vez que te vi bajar por las escaleras de mi casa. Como si estuviésemos comiendo pollo paprika con mi madre. —Hizo una pequeña pausa al final, pero yo no podía hablar siquiera.

—No fuiste idiota, no te dejé porque hicieses nada. Te dejé porque no podía tenerte atada a mí cuando estaba en la otra punta del país estudiando, Alex. Te merecías salir, conocer gente, no quedarte anclada con tu novia del instituto a la que veías una vez cada tres meses. —Respondí apretando los labios para que las lágrimas no se colasen entre estos, y ella se acercó a mí quitándome el rastro que dejaban estas al resbalar por mis mejillas, mirándome directamente a los ojos.

No habíamos roto, no había cambiado nada. Ella era Alex y yo Olivia, ella me quería sobre todas las cosas y yo la quería a ella.

—En eso se basa el amor, ¿no? En querer incluso cuando no tienes a esa persona delante.

*

—No tienes ni idea de lo preciosa que estás. —Decía Alex.

En la cafetería sólo estábamos nosotras, era tarde, las luces rojas y blancas de neón alumbraban la acera húmeda y el cristal justo a nuestro lado.

—No, no la tengo. —Respondí negando, dándole un sorbo a aquél café cargado que acababa de pedir. —¿Cómo me has encontrado?

—No lo sé. Psicóloga infantil, eso es precioso. —Alex tomó su taza y dio un largo sorbo al café.

—Gracias. —Respondí con simpleza, pasando la yema del dedo índice por el borde de la porcelana. —¿A qué te dedicas?

—Oh, tengo una galería de arte en Fort Lauderdale. —Mi sonrisa se amplió, estirando mi mano hacia la suya para apretarla.

—Lo hiciste. —Alex asintió, apretando mi mano de vuelta.

El silencio se hizo un poco incómodo, hasta que ella rompió el silencio.

—¿Estás con alguien? —Preguntó directamente, y negué con una mueca.

—Me estoy divorciando. —Alex abrió los labios, bajando un poco la cabeza.

—Lo siento mucho, no quería....

—No me importa. Si me divorcio es por algo, ¿no? —Sonreí dejando que me cogiese la mano encima de la mesa. Quería ser clara con Alex, quería.... La quería a ella devuelta.

Caminamos por la ciudad, por calles encharcadas y suelos mojados, calzadas húmedas y hierba que daba olor a Miami.

—¿Por qué ahora? ¿Por qué no hace tres años? —Pregunté caminando a su lado, sin saberlo, estábamos yendo hacia mi casa.

—Mi madre murió la semana pasada, así que.... —Me giré en el acto para mirarla, cogiendo su cara entre mis manos y le acaricié las mejillas.

—Dios mío Alex, ¿estás bien? —Se encogió de hombros bajando la cabeza, negando. Alex empezó a llorar, y la abracé fuerte contra mí. Ella no rechazó aquél abrazo, y pude notar la humedad de sus lágrimas en mi cuello, apretándome entre sus brazos. Había echado de menos todo aquello, necesitaba estar con ella, y ella me necesitaba a mí. —¿Duermes con alguien? —Ella negó tapándose la cara con las manos, y entonces las aparté para poder limpiar yo sus lágrimas, y que me mirase a los ojos. Ella los abrió, y cuando su respiración se tranquilizó un poco, me puse de puntillas para unir sus labios con los míos.

Era como volver al 1997 de nuevo. La tranquilicé, haciendo que se centrase en ese beso que se estaba alargando, y que habían hecho que sus manos bajasen a mi cintura.

—Ven conmigo.

La llevé a mi casa y Alex, tras darse una ducha pareció calmarse. Yo la miraba preocupada desde el fondo del pasillo, acercándome lentamente a ella.

—¿Necesitas algo? —Ella sonrió negando, pasándose las manos por aquella camiseta limpia. —Te queda bien. Es de mi ex pero.... —Alex se encogió de hombros, mirándome de nuevo a mí.

Me senté en el sofá, pero Alex simplemente se quedó en el ventanal mirando la calle, jugando con el extremo de su camiseta. Me preocupaba bastante, así que me acerqué a ella sentándome en el bordillo de la ventana, sonriendo al ver que se giraba hacia mí.

—Mi madre me dijo que debería ser feliz de una vez y que fuese a buscarte, ¿sabes? Eso.... Eso fue lo último que me dijo. —Agaché la cabeza porque, a pesar de todo lo que pasó, Marie era una gran persona. —Estuvo tres años enferma, y ya no pudo más. Siempre me dijo que dejase de salir con gente que no quería, que realmente no.... No estaba enamorada de esos chicos ni esas chicas, ¿y sabes qué? Tenía razón. Porque te quiero a ti, y quiero casarme contigo, tener hijos, ir a hacer la compra, no sé. —Me puse de pie delante de ella, cogiendo su mano para que viniese conmigo. —¿Dónde vamos?

—A dormir.... ¿No? —Alex negó metiendo las manos bajo mi pelo, volviéndome a besar, pero esta vez de una forma más profunda, dulce, húmeda, noté su lengua por primera vez en años y casi apreté los puños en su camisa pegándola aún más a mí.

—¿Estás segura de que quieres dormir? —Preguntó jadeante entre besos, hundiendo la lengua en mi boca para rozar la mía, fundirla con ella siguiendo los besos, pero no podía responder. —Porque yo quiero sentirte, ¿sabes? —Susurró contra mis labios, y cuando abrí los ojos aquél verde se estaba clavando en mí.

—Hazlo. —Susurré en voz baja, rodeando su cuello con los brazos y saltando para agarrarme con las piernas a su cintura y seguí el beso mientras ella caminaba hasta la habitación. Apreté su pelo en un puño, echando su cabeza hacia atrás para pasar la lengua por su cuello hasta llegar a su barbilla, dejando besos húmedos que culminaban en su boca.

Me dejó en el suelo y se puso detrás de mí. Sus manos quitaron mi camiseta, dejándome en sujetador, que también quitó con delicadeza dejándolo encima de la cama. Su boca comenzó a besar lentamente las marcas de mi espalda, que seguían allí aunque ahora en vez de rojas y marrones, eran marrón claro. Su lengua pasaba por estas, recorriéndome, como si recordase el pasado y quisiese sanar unas heridas que nunca terminaban de cerrarse. Cuando llegó a mi nuca, se tomó su tiempo. Sus manos se deslizaron por mi cintura lentamente para pegarme a ella, bajando a mis caderas. Dejaba suaves besos en mis hombros, lentamente, hasta volver a la nuca y subir, dejando un leve lametón en el lóbulo de la oreja.

Me derretía entre sus brazos y ni siquiera había hecho nada. Sus manos subieron hasta mis pechos, que apretó un poco provocando que soltase un quejido de placer. Al escucharlo, Alex aflojó el agarre, pero puse las manos encima de las de ella para que siguiese haciéndolo de la misma manera.

Giré mi rostro y su boca atrapó mis labios sin más dilación, buscando mi lengua, a la vez que una de sus manos se colaba debajo de mi pantalón. Dos de sus dedos presionaron mi clítoris, provocando que jadease un poco.

Alex me tumbó en la cama, y mientras ella me quitaba el pantalón, yo me deshacía de su camiseta y a la vez de su pantalón. "Te quiero", me decía al oído antes de bajar su boca por todo mi cuerpo, dejando varios besos en el cuello, se entretuvo en mis pechos un rato, sumergiéndolos en su boca mientras sus dedos jugaban conmigo, hasta que se coló entre mis piernas. Aquella escena era más digna de los fines de semanas libres de universidad, que aprovechamos muy poco.

El primer contacto que hizo Alex contra mi centro provocó un suspiro de entre mis labios, y mi mano se puso en su cabeza para poder guiarla algo mejor. Cuando bajé la mirada, Alex tenía la boca enterrada en mi sexo, no le hacían falta aspavientos con la lengua, ni usar sus dedos, porque sólo así ya me tenía jadeando en busca de una de sus manos para agarrarla. Era increíble, mi espalda estaba despegada del colchón, y a eso se sumaban sus dedos. Entraban y salían rápido, pero si Alex no paraba iba a irme demasiado pronto. No la avisé, no podía avisarla, no quería. Su sonrisa la delataba, además de aquél último lametón que dio a mi sexo antes de levantarse.

La tumbé en la cama poniendo las manos en sus hombros, y me agaché un poco hundiendo la lengua en su boca lentamente, acariciando su paladar antes de separarme, provocando un gemido en su boca.

Cuando me coloqué entre sus piernas, comencé a moverme lentamente de forma en que su sexo chocase con el mío de forma lenta pero intensa. Aquella presión me estaba matando por dentro, el placer llegaba hasta mi garganta que se agarrotada, soltando un primer gemido contra la boca de Alex. Moví las caderas algo más rápido con las manos a los lados de su cabeza, y noté sus manos en mis muslos, guiándome para que fuese más intenso. "Te quiero", le dije en un susurro contra sus labios, terminando la frase en un beso convertido a gemido, porque mi clítoris presionaba el suyo, y lentamente nos estimulábamos. Su mano apartó el pelo de mi cara echándolo a un lado, y cerré los ojos abriendo los labios antes de comenzar a moverme más fuerte contra ella, ella estaba llegando, y yo ya había tenido un segundo orgasmo, pero seguí moviéndome rápido hasta que Alex no pudo más y colapsó debajo de mí.

Me dejé caer a su lado, sin decir nada, me abracé a su pecho con los ojos cerrados, y su mano se entrelazó con la mía. Eran suaves y tersas, justo como las recordaba. Alex estaba dormida y es que aquello de tener tantas cosas en la cabeza, debía ser algo horrible.

*

Alex, 8 de noviembre de 2008

Al despertarme, Olivia estaba desnuda bajo las sábanas y absolutamente pegada a mí en un abrazo. Mi brazo estaba tras sus hombros, acogiéndola para que no se fuese, y no me podía creer que aquello hubiese sido verdad.

Presioné mis labios contra su frente, dándole un beso que no la despertó. Lo que la despertó fue la alarma del reloj que sonó a su lado de la cama. Rápidamente me estiré y la apagué, aunque como si fuese un bebé, Olivia ya se retorcía en la cama buscando el calor de mi pecho.

—¿Qué hora es....? —Preguntó con voz ronca, y negué, dándole un beso en el pelo.

—Duerme. —Susurré, acariciando su espalda desnuda con la totalidad de mi mano.

—¿Alex? —Abrió los ojos para mirarme, y aunque no podía abrirlos muchos, sonrió y se enganchó a mi cuello. —Estás aquí.

—Estoy aquí. —Dije en voz baja, aunque ella se levantó para sentarse en mi regazo, y yo me apoyé contra el cabecero de la cama.

Sus brazos rodearon mi cuello, y con media manta encima, comenzó a besarme lentamente con una sonrisa en los labios.

—Te quiero. —Volvió a besarme, acariciándome el pelo.

—Sigues teniendo la misma cara que hace once años. Es increíble. —Susurré pasando los dedos por sus mejillas, haciéndola sonreír. —Sólo que ahora eres una mujer madura y sexy.

—¿Quieres desayunar? —Me preguntó dándome un beso más tosco en los labios, y asentí porque mis tripas rugían un poco desde hacía rato.

Tras darme una ducha, me puse el pijama que llevé una media hora aquella noche, y cuando salí entre en la cocina. Tenía un plato de zumo de naranja, revuelto de huevo, pan y beicon en trocitos.

La abracé por la espalda, inclinándome para besar su mejilla. Parecía que el tiempo no había pasado, y que llevábamos saliendo desde 1997. Parecía que yo era la que estaba casada con ella, y me parecía perfecto.

Nos sentamos a la mesa, y Olivia me miraba mientras comía con una sonrisa.

—¿Estás bien? —Saqué el tenedor de mi boca cuando terminé de comer, sonriendo.

—Me haces feliz aunque esté en el momento más difícil de mi vida. —Susurré encogiéndome de hombros, tomando su mano por encima de la mesa. —¿Podemos intentarlo? ¿Podemos intentar estar juntas? ¿Tener hijos? ¿Casarnos? ¿Una casa con jardín y piscina, como en las que vivíamos? —Olivia pasó los dedos por el vaso del zumo, levantando la mirada con una sonrisa.

—Podemos intentarlo.

Epílogo

Olivia, 20 de diciembre de 2015, Nueva York

Los cristales de las ventanas estaban empañados, y la nevada que caía en Nueva York era monumental. La chimenea crepitaba y daba calor a toda la estancia, que se iluminaba de un color anaranjado gracias al fuego que la madera producía.

—¿Quieres una chuche?

—Ti. —En el sofá, Alex estaba sentada, y de pie entre sus piernas estaba Evan, nuestro hijo que apenas acababa de cumplir tres años.

Alex desenvolvió una golosina y se la puso en la boca, a la que aplaudió y alzó los bracitos.

—¿Te gusta? ¿Sí? —Alex lo cogió en brazos y vinieron hasta mí, que estaba apoyada contra el cristal de la ventana.

—¿Hará mucho frío en New Haven? —Pregunté frotándome las manos, pero Alex estaba demasiado ocupada haciéndole pedorretas a la manita de Evan.

—*Chupongo*. —Dijo con la mano del pequeño en la boca, aunque logró zafarse de esta y dejarlo en el suelo. —Está a pocos kilómetros de aquí, Olivia, hace el mismo frío.

—Tero chuche. —Me dijo Evan, y lo cogí en brazos dándole un beso en la mejilla, revolviendo aquél pelo rubio.

Evan era un niño abandonado con tan sólo un mes, Alex y yo siempre habíamos pensado en tener un hijo y que una de las dos se quedase embarazada pero, yo fui dada en adopción y pasé un infierno. No quería que ese niño pasase por lo mismo que yo, así que decidimos que era lo mejor. Ninguna de las dos tendría que quedarse embarazada, y así, las dos tendríamos la misma condición de 'madre'. No era hijo biológico de ninguna, pero era nuestro hijo. A veces, se me olvidaba que lo habíamos adoptado porque de verdad lo sentíamos nuestro.

—No, más chuches no. Hay que cenar. —Dije yo, viendo el puchero que ponía el pequeño y miré a Alex, que se reía.

—¿Por qué preguntas lo de New Haven? —Nos separamos de la ventana y caminamos hasta la cocina, dejando a Evan en su trona que se revolvía buscando la comida.

—Sofi, ¿y si no le dan mantas que abriguen en Yale? —Alex soltó una risa calentando la pasta con tomate para Evan, que jugaba con uno de sus coches en la mesa.

—Cariño, te aseguro que no le pasa nada. —Mientras Alex sacaba el plato, yo le ponía alrededor del cuello el babero color verde que él mismo había elegido. —¿Sabes comer solito?

—¡TI! —Respondió con entusiasmo, cogiendo aquél tenedor azul de plástico.

—¿Cómo los niños grandes? —Asintió mirando a Alex.

—Tomo lo niño gande.

Ver a Evan comer era riesgo de mancharte aunque estuvieses a un metro. Se reía y mientras se llevaba el macarrón con tomate a la boca, movía las manos, hasta que Alex se ponía seria delante de él y le quitaba los coches, eso ya no le hacía tanta gracia.

Al cabo de media hora, estaba dormido con el plato vacío y le limpié la boquita con cuidado, cogiéndolo en brazos y caminando hasta su habitación. Mientras, Alex cerraba las persianas, y yo lo acostaba con cuidado, poniéndole aquél peluche del Capitán América que tenía desde que llegó a casa.

—Te quiero. —Acaricié su pelo y le di un besito en la frente, arropándolo hasta salir de la habitación con Alex.

Me abracé a ella con fuerza en mitad del salón, levantando la mirada hacia Alex, acariciando su espalda con cuidado.

—¿Tú crees que soy buena madre? —Alex abrió los ojos con una sonrisa, soltando una pequeña carcajada. —Alex digo en serio, no te rías. —Me quejé, mordiéndole un poco el mentón.

—Es el niño más feliz del mundo, así que tú eres la mejor madre del mundo.

*

Olivia, 23 de diciembre de 2015, Nueva York

—Abelo, abelo, abelo. —Evan le puso las manos en las mejillas a mi padre, que jugaba con él y lo alzaba haciéndolo reír. Sin duda, Alex tenía razón, era el niño más feliz del mundo.

—¿Quieres ir a ver los patos? ¿Eh? —Le decía mi padre en español, y Evan asentía.

Mientras, Alex y yo caminábamos agarradas del brazo por Central Park, observando a mi madre y a mi padre andar con el pequeño que iba con un abrigo y su gorrito de Spiderman, dando pequeños saltitos por el camino que habían hecho a través de la nieve.

—¡Mami mida! —Evan se dio la vuelta para mirarnos mientras señalaba a los patos, y corrió hacia mí para que lo cogiese en brazos.

—Oye, ¿y no se confunde llamándoos a las dos? —Alex negó mirando a Evan, dándole una caricia en la mejilla.

—Evan, ¿quién soy yo? —Se señaló a ella misma con el dedo.

—Mamá. —Respondió el pequeño, y luego Alex me señaló a mí.

—¿Y quién es ella? —Evan me miró esbozando una sonrisa.

—Mami. —Besé su mejilla haciendo que el pequeño se encogiese.

—¿Y a quién quieres más, a mami o a mamá? —Al hacerle esa pregunta, Evan hizo un puchero mirando a Alex, apunto de llorar. —No, no, campeón, no. —Lo cogió en brazos caminando con él. —Era broma, colega. ¿Quieres chocolate caliente? —El pequeño asintió frotándose los ojos, abrazándose al cuello de su madre. —Ahora vamos a por chocolate.

Me quedé mirando la escena, a Alex con nuestro hijo en brazos caminando, apoyado en su hombro porque estaba triste. Nos quería a ambas y elegir para él no era una opción.

—Eres la mejor madre del mundo, ¿lo sabías? —Susurré en su oído mientras caminábamos, acariciando su cuello con el dorso de la mano, que llevaba nuestra alianza de bodas, y ella se giró hacia mí con una media sonrisa.

—Gracias por enseñarme a serlo.

Playlist

Asleep — The Smiths

Could it be another change —The Samples

Rumours — Fleetwood Mac (Disco completo)

Fire Meet Gasoline — Sia

Shake It Out — Florence And The Machine (Glee Version)

Uncover — Zara Larsson

Secret Love — Little Mix

Fools — Lauren Aquilina

American Mouth, Flightless Bird — Iron & Wine

This Charming Man —The Smiths

I know It's over — The Smiths

Panic —The Smiths

Made in United States
Orlando, FL
29 September 2024